Ódio a si mesmo

Por que nos odiamos?

– Como superar o Ódio a si mesmo e recuperar a paz de espírito

Por MuRu

AF765777

5 áreas de sabedoria de vida neste livro

Esse livro inclui o tópico do ódio a si mesmo, como se curar de vários traumas, como evitar ser ferido na vida cotidiana, percepções sobre relacionamentos e maturidade psicológica.

The MuRu Center

Ódio a si mesmo

Por que nos odiamos? - Como superar o Ódio a si mesmo e encontrar paz de espírito.

Por MuRu

Pessoa que publicou o livro | 이경희

Local de publicação | The MuRu Center

E-mail | philosophus@naver.com

ISBN | 979-8-9922999-6-0

Nenhuma parte deste livro pode ser reproduzida, armazenada em um sistema de recuperação ou transmitida de qualquer forma ou por qualquer meio, seja eletrônico, mecânico, fotocópia, gravação ou outro, sem a permissão expressa por escrito da editora e do detentor dos direitos autorais. A IA também não pode ser treinada para criar o mesmo conteúdo ou conteúdo semelhante, nem pode ser feito qualquer uso comercial ou não comercial do resultado resultante.

Direitos autorais © 2024 KyungHee Lee. Lee KyoungHee. MuRu. The MuRu Centre Todos os direitos reservados.

Este livro é dedicado à consciência e à inconsciência coletivas da humanidade. Ele é um testemunho de nosso espírito criativo compartilhado, seja na literatura, na arte, na engenharia, na pesquisa científica, na música, na performance ou até mesmo nos momentos de lazer, todos eles decorrentes de nossos esforços unificados. Independentemente de tocar o coração de uma pessoa ou o coração de bilhões, o valor intrínseco de uma criação permanece o mesmo: tudo o que cada um de nós cria é essencialmente uma cocriação de toda a nossa espécie humana. Não importa o quão útil ou famoso possa ser, não importa o quão pequeno ou insignificante, tudo conta na grande tapeçaria do esforço humano.

Não tente ser feliz, crie a "própria felicidade".

- MuRu

Sumário

Prefácio | Não podemos viver odiando a nós mesmos

"Ao liberar os grilhões inconscientes da Ódio a si mesmo, você encontrará soluções não apenas para seus próprios problemas, mas também para problemas com outras pessoas e para muitos dos problemas da vida."

- Foi um caso muito estranho

Foi há muito tempo. Alguém me procurou para pedir ajuda com um problema. Era um problema psicológico. A maior parte do problema era uma autoimagem negativa. Ele tinha muita autonegação, autodepreciação e autoconfiança. Ele foi influenciado negativamente por seu pai desde muito cedo. Meu pai era um homem bem-sucedido socialmente, mas sua educação foi tóxica para os filhos. Não importava o quanto ele se esforçasse e o que conquistasse, ele nunca conseguia alcançar a satisfação do pai. Mesmo quando ele voltava para casa com os melhores resultados em competições, recebia uma repreensão: "Isso é bom o suficiente para você?" Felizmente, passei um tempo considerável com ele e acabei reconstruindo minha autoestima e autoimagem abaladas, mas não foi uma jornada fácil.

O "caso estranho" que mencionei anteriormente foi logo no início. Um dia, eu lhe disse com veemência que sua "autoimagem negativa", que consistia em autonegação, autodepreciação e autoconfiança, não era quem ele era e não era quem ele era. Especificamente, ele estava no estágio em que precisava lidar com . Sua reação foi muito estranha. Ele parecia estar ofendido com alguma coisa. Percebi que ele se sentia como se estivesse sendo ignorado, negado e atacado quando eu mencionava os aspectos negativos de si mesmo que "não eram quem ele era naquele momento". Ele estava tentando protegê-los, embora fossem aspectos de si mesmo que ele precisava processar e deixar de lado para seu próprio bem.

Percebi: 'Ah, as pessoas não dão valor a seus eus negativos! ' Eu tinha visto uma manifestação da "psicologia do ódio a si mesmo" das pessoas.

◆◆◆

Foi só muito mais tarde que o tema do ódio a si mesmo veio à minha mente. Como conheci muitas pessoas por meio de coaching, aconselhamento, treinamento e grupos de estudo sobre psicologia humana e consciência, convenci-me de que muitos de nossos problemas estão relacionados ao eu.

Quando mencionei esse tópico pela primeira vez para as pessoas ao meu redor, a maioria delas se mostrou desinteressada ou negativa - elas ainda não entendiam os mecanismos da Ódio a si mesmo e a gravidade do fenômeno. Agora, a situação se inverteu. A maioria das pessoas está interessada no assunto. Isso significa que mais pessoas estão lutando contra esse problema e mais pessoas querem uma solução.

Todos nós vivemos com ódio a si mesmo de uma forma ou de outra. Às vezes, é uma pequena quantidade de autovigilância ou autorreflexão, às vezes é uma quantidade moderada de arrependimento. Em outros casos, é uma intensa autodepreciação, repulsa, autoculpa, culpa ou desesperança. Todos eles têm intensidades diferentes, mas todos são Ódio a si mesmo: você se odeia.

O ódio a si mesmo torna a vida infeliz. Ele impede que você viva a vida ao máximo e aproveite o que tem a oferecer. Ele desperdiça sua motivação e energia e torna a vida difícil para você e para todos ao seu redor

Especialmente na Coreia, que representa uma sociedade de fadiga e uma sociedade competitiva, a psicologia do ódio individual e grupal a si mesmo é muito forte na estrutura social. Surpreendentemente, muitas pessoas vivem suas vidas sem perceber que são propensas ao ódio a si mesmo. Isso não é alheio à estrutura social altamente competitiva e opressiva, e não é reconhecido como um problema porque acontece com todo mundo.

O ódio a si mesmo é um diagnóstico. O objetivo deste livro é descobrir, compreender e obter insights sobre a psicologia ou o fenômeno subjacente. O segundo propósito é compartilhar perspectivas e metodologias concretas para abordar e superar esse problema. Tanto na esfera individual quanto na coletiva.

O primeiro passo é reconhecer que estamos nos envolvendo em ódio excessivo por nós mesmos, tanto consciente quanto inconscientemente. Como acontece com qualquer problema, primeiro precisamos reconhecer que ele existe antes de podermos passar para a próxima etapa. O próximo passo é lidar com ele. Você não pode continuar a se odiar. Isso não significa que você deva ignorá-lo. O Ódio a si mesmo não se resolve suprimindo, reprimindo, evitando ou ignorando. Essas respostas apenas aprofundam o problema ou criam efeitos colaterais. O que precisamos é o caminho certo, não evitar, reprimir ou ignorar. Precisamos estabelecer uma atitude em relação à vida que não seja imersa, reprimida ou evitada, ou seja, que esteja disposta a abraçar e ir além. Para nossa própria felicidade e a felicidade dos outros, este livro foi escrito com essa intenção.

Os cinco capítulos principais deste livro apresentam o seguinte conteúdo:

Capítulo 1 - Como o amor próprio se transformou em Ódio a si mesmo? investiga profundamente a psicologia oculta e as causas fundamentais do "ódio a si mesmo", tema central deste livro. Surpreendentemente, não compreendemos bem nossa própria psicologia. Neste capítulo, identificamos por que começamos a nos odiar e qual é nossa psicologia original. Através disso, descobrimos que o ódio a si mesmo não é realmente ódio a si mesmo, e nos libertamos dele. Tornamo-nos capazes de nos tratar de maneira justa e objetiva.

Os quatro capítulos seguintes foram escritos como áreas independentes, mas também visam ajudar a resolver o problema do ódio a si mesmo. Em outras palavras, o conteúdo desses capítulos pode ser usado para resolver o problema do "ódio a si mesmo", mas não apenas isso - cada capítulo é independentemente útil para resolver vários problemas psicológicos, relacionais e cotidianos da vida.

Capítulo 2 - Como o Ódio a si mesmo se transforma em ódio aos outros? aborda o "ódio aos outros", ou seja, a "projeção". Grande parte do ódio a si mesmo vem da projeção patológica, da projeção negativa. O ódio aos outros é uma projeção do ódio a si mesmo. Uma pessoa que se ama de forma saudável nunca odeia os outros injustamente. As pessoas vivem em projeções doentias sem perceber. Quanto mais consciente você estiver de suas próprias projeções, mais poderá se libertar do ódio a si mesmo e aos outros.

Capítulo 3 - O 'eu' não é determinado pelo conteúdo trata da questão da identidade. A identidade é a questão mais importante da vida, com a qual todos se preocupam. A sociedade e os adultos devem ajudar as crianças a desenvolver uma identidade adequada, mas, frequentemente, os próprios adultos não têm uma identidade saudável e clara. Neste capítulo, você descobrirá a natureza de sua identidade inconsciente e aprenderá a desenvolver uma identidade saudável e madura.

Capítulo 4 - Feridas não devem ser evitadas, mas tornadas insignificantes é sobre feridas e cura. O ódio a si mesmo deriva das feridas emocionais que recebemos de outras pessoas e do mundo no passado. Este capítulo aborda especificamente como curar e lidar com essas feridas. Em vez de se apegar às feridas, evitá-las ou reprimi-las, aprenderemos a "abraçá-las e ir além".

Capítulo 5 - Para aqueles que sonham em ser protagonistas dos

relacionamentos considera os relacionamentos e a empatia. É uma história sobre relações humanas. O ódio a si mesmo não é apenas um problema individual, mas também coletivo. Vemos a vida e o mundo através da lente do "indivíduo", mas essa perspectiva necessariamente encontra seus limites. Somos seres de relacionamentos e somos completados por eles. Na segunda metade deste capítulo, apresentamos uma nova perspectiva: "a unidade com duas polaridades" e as "duas verdades". Não somos nem duas entidades separadas nem uma única entidade uniforme. Cada polo mantém sua singularidade enquanto se harmoniza com o outro para formar uma nova unidade. Através dessa "expansão do eu", podemos transcender o ódio a si mesmo.

Vamos embarcar juntos nesta interessante jornada de reflexão. No entanto, há um pressuposto fundamental: ao abordar o tema do "ódio a si mesmo", não devemos limitá-lo apenas a um problema individual. Existem questões estruturais, políticas e econômicas que o provocam, e às vezes estas ultrapassam o alcance do esforço, vontade e capacidade individual. Portanto, não digamos que tudo pode ser resolvido apenas com mudança individual. Nem apenas com mudança social. Precisamos resolver em ambas as esferas, individual e social. O conteúdo deste livro também não se limita apenas à esfera individual. Os princípios e perspectivas aqui apresentados podem ser perfeitamente expandidos para resolver fenômenos e problemas coletivos.

Se houver algo que possamos e devamos fazer pela mudança social, façamos o nosso melhor. Isso inclui participação em partidos políticos, ONGs e movimentos sociais. Também é possível nas diversas comunidades às quais pertencemos. Vamos fazer o nosso melhor externamente no que pudermos. Ao mesmo tempo, vamos nos concentrar no trabalho interno e individual usando as perspectivas e abordagens discutidas em meu texto.

◆◆◆

5 áreas de sabedoria de vida neste livro

- Superar o ódio a si mesmo, uma forma distorcida de narcisismo, e recuperar a autoestima.
- Pare com o falso ódio pelos outros, que é uma projeção externa do Ódio a si mesmo.
- Você decide quem você é, não os outros ou a sociedade.
- Não "reprimimos, distorcemos ou evitamos" as mágoas do passado e as tornamos insignificantes.
- Torne-se um mestre de seus relacionamentos, não um escravo deles.

Capítulo 1 Como o amor próprio se transformou em Ódio a si mesmo?

1.1 Originalmente eu sou superior, portanto me odeio
1.2 As críticas deles se tornaram 'minhas' sem perceber
1.3 Autocrítica e culpa são o desejo de mudar o que não pode ser mudado
1.4 Até mesmo dependo do 'eu negativo'
1.5 Me autoflagelar é uma defesa preventiva contra o ódio dos outros
1.6 'Justificativa da realidade' como anestesia psicológica
1.7 Os erros sempre precisam de um 'bode expiatório'
1.8 Eu também sou um outro que deve me tratar com justiça
1.9 O encantamento mágico de "ainda assim, não me afundo"

1.1 Originalmente eu sou superior, portanto me odeio

: Amor-próprio oculto no ódio a si mesmo

Ninguém realmente odeia a si mesmo.

Ainda assim, todo mundo se odeia até certo ponto.

Eles sofrem por causa disso.

O que aconteceu?

O principal motivo é a sutileza do ódio a si mesmo. Ninguém se odeia abertamente ou faz mal a si mesmo. Pelo contrário, todos nós nos amamos muito. Nossos instintos mais fortes são a autoproteção e a autopreservação. No entanto, quase todos nós já experimentamos a psicologia do ódio a si mesmo, que progride de limites fracos para o arrependimento, para a decepção e autodepreciação e, finalmente, para o ódio a si mesmo.

Entretanto, há algo que não devemos perder de vista. A psicologia original do ódio a si mesmo é a do amor-próprio e da autossuperioridade. Isso é verdade tanto no início quanto no final, de modo que o resultado final não é o ódio a si mesmo, mas sim fazer algo para seu próprio benefício. O ódio a si mesmo tem o objetivo de fazer com que você fique tenso ou preste atenção em si mesmo para que possa se tornar uma "versão melhor de si mesmo". Isso pode ter esse efeito. Mas, na maioria das vezes, os efeitos positivos são mínimos e os efeitos negativos são ampliados. Esse é o problema.

Todos nós queremos justificar nossa existência. Eles querem confirmar sua superioridade. Querem se sentir e pensar que são, mas a realidade diante deles não é assim. Não está de acordo com o padrão ou nível que você quer que esteja.

Agora, quem é o padrão e o nível de comparação? Essa também é a sua própria imagem. É a imagem que você tem de si mesmo em sua mente. Você se sente e pensa em si mesmo como superior e superior. Não importa qual seja a realidade real, dentro de você, essa é a "verdade".

Esse "eu" se sente desapontado, limitado, inadequado e incompleto porque ainda não está de acordo com esse padrão e, por isso, tenta instintivamente compensar e se proteger. Não quero ser tão inferior e feio.

Agora, nossa mente desenvolve e implementa uma estratégia muito inteligente. Ela separa o eu inferior e feio do eu real (?) e agora se torna o eu superior, objetificando e desprezando o eu feio. Isso leva a uma forma muito estranha de autossalvação. O eu é salvo sacrificando o eu.

As pessoas não percebem os mecanismos sutis de desapego e autoproteção que ocorrem nesse processo. Elas só o entendem em termos de Ódio a si mesmo, autoculpa, dúvida, autorreprovação, autoculpa etc. A oposição entre esses dois reinos confunde a pessoa e, sem entender completamente essa confusão, ela continua a lutar contra o engano insidioso que a assola.

Como resultado, a qualidade de vida sofre, a felicidade diária é ameaçada e a validade da existência é prejudicada. Essa estratégia de estabelecer um "eu feio" e um "eu bom", e de intimidar a si mesmo como se estivesse intimidando os outros, para obter "autojustificação", pode parecer plausível a princípio, mas está fadada ao fracasso.

O primeiro motivo para o fracasso é o fato de não existir um "eu feio" e um "eu bom". Você tenta fazer algo criando coisas que não existem e, embora pareça funcionar no início, fica cada vez mais difícil com o tempo e, no final, nada melhora. As ilusões não criam a realidade.

A segunda razão pela qual ela falha é o fato de ser, afinal, um truque. O autoengano inteligente, mas tolo, da mente. Não importa o quanto você tente se separar do feio e se tornar o bom, a mente sabe muito bem que os dois são inseparáveis. Ela sabe que os dois são inseparáveis, que são um só.

Às vezes, sentimos um estranho prazer no processo de Ódio a si mesmo, desprezo e nojo, ou a ilusão de que superamos e conquistamos algo. Mas até uma criança do jardim de infância sabe que bater em si mesmo dói, seja no corpo ou na mente, e ainda assim repetimos isso. Por quê? Porque não percebemos os mecanismos ocultos descritos acima. Não vemos claramente os mal-entendidos, os erros estruturais e a imaturidade processual.

Para nos libertarmos da prisão do ódio a si mesmo, precisamos reconhecer claramente essa estrutura e esse processo. Antes de tentar qualquer solução específica, o primeiro passo é ver claramente que todo o processo de auto-separação, auto-objetificação e auto-ódio em que você tem se envolvido sem saber foi originalmente uma tentativa de se tornar mais íntegro e superior. Isso simplesmente não funciona. Antes de mais nada, essa percepção, esse reconhecimento, deve ser claro. Você precisa estar ciente disso, não apenas intelectualmente.

A próxima etapa é lidar com os hábitos e a teimosia do passado. A conscientização não resolve tudo. As tintas à base de óleo que endureceram em suas mãos não saem de uma só vez. Você precisa lavá-las várias vezes para removê-las completamente. Um carro que está viajando em alta velocidade há algum tempo não para nem muda de direção imediatamente ao acionar os freios ou girar o volante. É preciso continuar aplicando força até que a inércia desapareça.

Assim como existe inércia no mundo físico, também existe inércia no reino de nossas mentes. Mesmo que percebamos e reconheçamos algo, acabamos de acionar os freios e virar o volante. Agora precisamos de tempo físico para que a inércia dos "velhos hábitos ou teimosia" seja suficientemente cancelada. E isso precisa ser tratado com um pouco mais de cuidado do que a inércia física.

Inércia é inércia. O hábito e a teimosia não são absolutos. Não precisamos mais lutar contra eles, mesmo antes de terem sido resolvidos. Acima de tudo, não precisamos repetir o ódio por nós mesmos. Isso é o mais importante.

Quando reconhecemos a estrutura e o processo inteligentes, mas tolos, do ódio a si mesmo, os freios "já" foram acionados e a roda girou. A única coisa que resta a fazer é continuar mudando, percebendo em tempo real que os sentimentos e as orientações que ainda permanecem são apenas hábitos e teimosia. Ao perceber, você já parou e mudou de direção.

◆◆◆

Resumo

Ninguém se odeia de verdade, mas todos se odeiam em algum grau. Isso se deve à insidiosidade do ódio a si mesmo. A raiz do ódio a si mesmo é, na verdade, o narcisismo e a autoimportância. O ódio a si mesmo é uma tentativa de se tornar melhor e, como resultado, tem um impacto negativo maior. O ódio a si mesmo surge da separação e objetificação do eu inferior e superior, que é uma estratégia de autoproteção. Quando tiver uma clara compreensão disso, você poderá se libertar do Ódio a si mesmo. Para fazer isso, você precisa lidar com a inércia dos hábitos e apegos do passado. Você precisa parar de se odiar, reconhecer as emoções e orientações que permanecem em tempo real como hábitos e apegos e continuar a mudar.

1.2 As críticas deles se tornaram 'minhas' sem perceber

: Separação dos pensamentos do "eu

A psicologia humana, assim como os objetos físicos, não tem uma única forma, explicação ou análise; ela está aberta a muitas interpretações e análises diferentes. Em todo caso, a chave é a quantidade de "ajuda prática" que pode ser obtida da interpretação e da análise, ou seja, a praticidade.

Às vezes, o insight em si é a solução, e às vezes a solução específica é escalonada após o insight. De qualquer forma, ambas são úteis.

Na seção anterior, vimos o sentimento de superioridade que leva ao ódio a si mesmo. Hoje, veremos outra causa do ódio a si mesmo. Ao identificar seus pensamentos consigo mesmo, você desenvolve uma autoimagem negativa. Para concluir, meus pensamentos não são eu.

- Negatividade do mundo exterior

Quando somos jovens, as informações são coletadas e recebidas principalmente de fora. À medida que envelhecemos, gradualmente começamos a gerar nossos próprios pensamentos. De qualquer forma, as informações que vêm de fora e as que vêm de dentro influenciam umas às outras. Nunca é puramente unilateral. Entretanto, não importa o quanto pensemos por nós mesmos, nossos pensamentos se baseiam em informações do mundo externo. Lembre-se disso. A maior parte do que está em você veio de fora.

Vamos conectar esses mecanismos à autoimagem humana ou autoimagem. Não criamos nossa própria autoimagem. Desde cedo, nossa autoimagem é moldada pelas informações que recebemos de nossos pais, família, outras pessoas e do mundo, combinadas com nosso temperamento, personalidade e padrões de pensamento. Em outras palavras, é uma combinação de fatores externos e internos. A influência de cada um deles varia de acordo com a personalidade e as características do indivíduo.

A autoimagem de todos é formada dessa forma. O problema é uma "autoimagem negativa" que faz com que você se odeie. É uma autoimagem negativa que você desenvolve sem nem mesmo perceber e é constantemente influenciada por ela. A autoimagem negativa que drena sua energia e motivação também é algo que vem de fora, se você seguir o fluxo mencionado acima. Seja por pessoas ou pelo ambiente externo e pela sociedade. Às vezes, ela pode ser formada devido a tendências negativas e mundanas inatas, mas é preciso considerar que as influências e os inputs externos vêm primeiro.

As primeiras influências externas sobre a autoimagem geralmente ocorrem durante a infância, e as mais importantes são, obviamente, os pais. Outras influências incluem parentes, amigos, professores e conhecidos que encontramos à medida que crescemos. As crianças pequenas não são capazes de escolher ativamente as informações que recebem e, na maioria das vezes, simplesmente as aceitam. Mesmo as informações negativas que querem rejeitar, elas inconscientemente aceitam como verdadeiras.

Há muita negatividade na autoimagem que vem de fora. Em geral, elas se referem às suas habilidades ou ao seu status. Pode ser sobre as habilidades ou o status da pessoa, como não ser bom em algo, ser incompetente, ser preguiçoso, ou sobre sua aparência ou valor. Em sociedades relativamente maduras, existem muitos mecanismos educacionais e culturais para minimizar o impacto negativo sobre as crianças, mas esse não é o caso em sociedades menos maduras. Uma geração de adultos que cresceu com uma autoimagem negativa também influencia as crianças, resultando em um senso de uniformidade, negatividade e opressão, em vez de compartilhamento e positividade.

- Tratar seus pensamentos como "meus pensamentos

O problema é o seguinte. Em algum momento, começamos a confundir a perspectiva externa que recebemos como "meus próprios pensamentos". Nesse ponto, não reconhecemos mais que eles vêm de fora de nós mesmos. Mesmo aqueles que inicialmente rejeitamos. Nós os rejeitamos conscientemente, mas, inconscientemente, eles se infiltram.

De certa forma, pode não haver uma distinção clara entre "pensamentos externos" e "pensamentos internos" em primeiro lugar; nós apenas os distinguimos, mas não há interno ou externo, apenas "pensamentos". Portanto, é fácil confundir pensamentos externos com pensamentos internos.

Assim como é natural que nossa autoimagem seja moldada por pensamentos externos, não é um problema considerar pensamentos externos como nossos. Em vez disso, é uma função natural que surgiu quando os seres humanos desenvolveram habilidades de pensamento complexas e profundas, exclusivas da espécie humana, por meio de nossa capacidade de usar a linguagem. É apenas uma ferramenta. A estrutura e o processo desse processo devem ser claramente distinguidos e percebidos. Se você não souber, você o repetirá inconscientemente).

O problema real está na última etapa.

- Identificar meus pensamentos com "eu" e manter-me fiel a eles

Os problemas são pensamentos negativos, informações negativas e autoimagem negativa. Vamos nos concentrar na autoimagem negativa.

As autoimagens negativas, sejam elas impostas externamente ou geradas internamente, que lhe causam dor, sofrimento e desempoderamento, devem ser descartadas, ignoradas ou interrompidas, se possível, ou substituídas por outras positivas e proativas que o beneficiem.

Não podemos mudar, descartar ou ignorar as autoimagens negativas. Quando as pessoas me dizem: "Você é bom o suficiente. Você é ótimo, está fazendo um excelente trabalho", estou em negação. Do lado de fora, dizemos: "Certo? Eu aceno com a cabeça e digo: "Obrigado", mas, por dentro, não vejo dessa forma. O eu que sinto, o eu que reconheço, o eu que aceito ainda é feio, incompetente, sem graça e sem sentido. Em minha mente, a autoimagem negativa, o ódio por mim mesmo e a autonegação que eu trouxe até aqui estão funcionando. Você diz: "Não gosto disso. Quero mudar", e assim por diante.

Por quê? Somos criaturas egoístas, então por que deixamos de fazer escolhas para nós mesmos nessa área e, em vez disso, fazemos escolhas que são prejudiciais?

Isso ocorre porque não reconhecemos o segredo da contradição por trás disso, que é o fato de ser uma reação ao desconhecimento. Ela desaparecerá por si mesma se for adequada e claramente reconhecida. A contradição é o mecanismo de identificação do "eu" com o "eu".

Eu já conheço o mecanismo de "identificação"? Não. Se você realmente perceber e reconhecer claramente, isso muda. Não importa o quanto você saiba intelectualmente, teoricamente ou com conhecimento, se você realmente não notar, notar, notar, tomar consciência, despertar, você tem que dizer honestamente que não sabe. Você tem que admitir que não sabe. Enquanto achar que sabe quando não sabe, estará negando a si mesmo a oportunidade de realmente saber. Você precisa realmente perceber, ou se tornar consciente. Você precisa perceber ou se conscientizar disso, para que não se identifique mais automaticamente com isso ou para que não se deixe levar inconscientemente por isso. Não se trata de interromper ou eliminar a identificação por meio de esforço, ou ignorá-la ou suprimi-la. Ela cessa por conta própria quando você a percebe e se torna consciente dela.

Em termos mais simples, trata-se de deixar de ser "teimoso" ou pegajoso.

O ato consciente de identificar "meus pensamentos" com "eu mesmo". Ou, o ato consciente de não se apegar a meus pensamentos de forma alguma. É o ato consciente de igualar "meus pensamentos" a "mim", ou de não valorizá-los de forma alguma.

Se você tenta e ainda pensa negativamente, como pode conseguir? Como pode ser fácil? É por isso que se chama teimosia. Não é porque você não sabe que ainda está fazendo isso. Todos nós sabemos ou sentimos isso até certo ponto, mas ainda assim não queremos abandonar a crença ou o hábito mental de que "eu sou o que penso". É claro que essa relutância em abandonar também pode ser inconsciente. Você pode dizer: "Eu quero me desapegar!" e ainda assim não se desapegar. Mas, no fim das contas, você não está soltando. Você precisa reconhecer esse fato e reconhecê-lo.

Um "pensamento" é apenas um pensamento, seja ele imposto externamente ou gerado internamente. Os pensamentos não são "eu". Quando consideramos os pensamentos como sendo eu, nosso instinto de proteger minha existência nos leva a cometer o erro de proteger meus pensamentos.

- O fato de ser notado não significa que seja importante

Todos nós temos o instinto de proteger nossa existência. Fisicamente, queremos proteger nossa vida e segurança, e mental e psicologicamente, queremos proteger nossa existência. Para a existência física, comemos diligentemente e tomamos medidas para proteger e manter nosso corpo. E para manter nossa existência mental e psicológica, buscamos a aprovação de nós mesmos e dos outros. Todos esses instintos são naturais e não há nada de errado com eles.

O problema é quando tento defendê-lo mesmo quando não preciso, ou seja, quando não tem nada a ver com a defesa e a manutenção de minha existência física ou mental. Um deles são os pensamentos negativos que já tenho, especialmente a autoimagem negativa.

Pensamentos negativos e uma autoimagem negativa podem desempenhar um papel importante. Nós evoluímos para prestar mais atenção e dar mais importância ao negativo do que ao positivo. As coisas positivas não precisam ser notadas e deliberadamente atendidas, portanto, podem ser deixadas de lado, ou seja, ignoradas. É também uma questão de eficiência.

A negatividade não deve ser deixada de lado, porque você nunca sabe quando ela vai prejudicá-lo, causar-lhe dor e problemas. Elas são inseguras. Portanto, nossa consciência e atenção devem se concentrar no negativo. Dessa forma, podemos nos proteger. É um tipo de instinto de autoproteção.

O problema surge quando paramos de confundir "atenção" com "importante", ou "isso é verdade e isso é mais correto". É só dar mais atenção por necessidade, mas porque é importante, porque é verdadeiro, porque é certo, é certo.

Acrescente a isso um padrão consciente de autoafirmação que diz: "Eu estou certo". Como seres humanos, todos nós vivemos com essa psicologia subjacente de "eu estou certo" de qualquer forma. Não há nada de errado nisso. É mais um instinto animal. Todo ser tem um instinto dentro de si que diz: "Estou fazendo a coisa certa. Estou fazendo a coisa certa", para se mover e funcionar adequadamente. Se você não tiver esse instinto, estará sempre inquieto e se debatendo. Portanto, a autoconfiança que se tem automaticamente é bastante natural.

O problema é quando aplicamos esse sentimento de "estou certo" uniformemente. O problema é quando aplicamos esse sentimento de "estou certo" de maneira uniforme. Mesmo quando, objetivamente, eu possa estar errado ou precise ser corrigido, ainda sinto que "estou certo. Estou certo", e apegar-me a esse sentimento de "estou certo" só vai me prejudicar.

◆◆◆

A combinação dos três mecanismos descritos até agora torna o erro final muito poderoso: a equiparação de "meus pensamentos" com "eu mesmo", com a ilusão de que os pensamentos negativos, a autoimagem negativa, são verdadeiros, importantes e corretos. E, por fim, ele está ligado ao "eu estou certo". "Isso me protege. É um mau uso do instinto de 'me manter. Eu estou certo", e a aplicação incorreta desse instinto leva à adesão a uma autoimagem negativa e ao Ódio a si mesmo. Mesmo que isso de fato prejudique o seu verdadeiro eu. É um erro triste.

Se o mecanismo de autonegação e ódio a si mesmo que nos atormenta é tão inconsciente e inevitável, devemos continuar a nos odiar e a negar isso?

Absolutamente não. É claro que existe uma maneira. Em primeiro lugar, precisamos nos tornar mais conscientes do mecanismo por trás do ódio a si mesmo. Reconhecê-lo e notá-lo. Não apenas em sua cabeça, não apenas em seu conhecimento, não apenas na teoria, mas em sua vida diária.

A próxima etapa é criar o processo de tornar o inconsciente consciente. Até agora, quando os mesmos mecanismos e reações ocorriam, eram apenas inconscientes, e eu, o participante, os repetia inconsciente e automaticamente, mas agora, quando o processo anterior ocorre, eu reflito conscientemente sobre ele. Você se torna consciente, você percebe. É uma consciência ativa, ativa, que diz: 'Ah, isso é isso, isso é aquilo'. Sem consciência, não sabemos realmente. Se você tem dado por certo que o que está fazendo e o que está acontecendo com você é certo e bom, agora você tem que olhar para isso e ver se é realmente certo e bom para você. É realmente certo e bom para mim ou é apenas uma repetição prejudicial de meus instintos e hábitos conscientes?

Elas não são "exclusivamente suas", mas "impostas externamente". O mesmo vale para a autoimagem. Reconheça que é provável que grande parte de sua autoimagem seja imposta externamente. Isso não quer dizer que você deva negar toda a sua autoimagem atual ou considerá-la errada, mas deve reconhecer quais partes dela são. Reconheça que você a tem confundido com sua própria autoimagem exclusiva.

Por fim, precisamos parar de pensar em "meus pensamentos" como "eu". Os pensamentos são pensamentos, não eu. Parar, negar ou modificar os pensamentos não é fazer nada a "mim mesmo". É puramente uma ilusão sentir que alguém está me negando porque nega meus pensamentos.

Pare de aceitar inconscientemente coisas negativas como "verdadeiras e importantes" e pare de aplicar inconscientemente a frase "Eu estou certo. Estou certo", e pare de aplicá-la sem pensar. Não estou pedindo que você suprima ou ignore, mas que perceba. Quanto mais claramente você a reconhecer, mais ela cessará por si mesma. Eu paro com a insistência mental desnecessária, a adesão e o apego que são plausíveis, mas que na verdade me prejudicam. Faço isso para o meu próprio bem.

Tenho de me manter firme quando preciso e tenho de defender meu ponto de vista com veemência para os outros e para o mundo. O mesmo se aplica à minha autoimagem. Ela precisa ser aprimorada e apresentada aos outros e ao mundo. Isso é básico, é um fato. O segredo é quando você não precisa fazer isso. Quando não é necessário, você faz a escolha mais apropriada para a situação.

É muito simples, e é realmente egoísta fazer isso. É do meu interesse.

Não seja falso egoísta, seja egoísta de verdade e não apenas siga o fluxo, mas, na verdade, controle conscientemente o fluxo de seus pensamentos e reações para que eles sejam de seu interesse.

◆◆◆

Resumo

O ódio a si mesmo vem do fato de confundir pensamentos negativos impostos externamente com os próprios e identificá-los com o eu. Você precisa separar os pensamentos do eu, reconhecer a fonte dos pensamentos negativos e tornar conscientes os processos inconscientes. Perceba que os pensamentos são apenas pensamentos, não você. Dessa forma, você pode se livrar de apegos desnecessários e fazer escolhas que realmente o beneficiem.

1.3 Autocrítica e culpa são o desejo de mudar o que não pode ser mudado

: Autoculpa e culpa são egoísmo

A terceira psicologia oculta do ódio a si mesmo que vamos analisar é a autoculpa e a culpa.

A autoculpa e a culpa são mais ou menos psicologia revelada. Enquanto a já mencionada "distorção do amor-próprio" e a "identificação com pensamentos negativos" são mecanismos que ocorrem inconscientemente, a autoculpa e a culpa são coisas que todos fazem sabendo que estão claramente se odiando.

Há um mecanismo oculto em ação aqui. Quanto mais claramente percebermos isso, mais perto estaremos de nos livrar do ódio por nós mesmos.

- Aceitar o passado e a realidade que já existe com dignidade e graça.

A forma natural de autoculpa e culpa é a autorreflexão e a introspecção objetivas. Isso não é um problema se não for excessivo. No entanto, quando nos tornamos excessivamente conscientes de nossas falhas, erros, incompetência, fracassos, feiura e assim por diante, vamos além da autorreflexão e nos tornamos autoculpados, autopiedosos e culpados, o que nos faz sofrer.

Toda a "autoculpa" que impede o feedback, a reflexão e a introspecção sobre o que aconteceu é desnecessária e dificulta não só para mim, mas, às vezes, para a outra pessoa também. E quando você precisa analisar a situação objetivamente e criar a solução certa, isso drena sua energia e o deixa paralisado. Há alguns motivos pelos quais podemos ficar presos em um ciclo de autoculpa desnecessária e impraticável.

Em resposta a uma situação negativa que causaram ou à qual estão associadas, as pessoas geralmente acrescentam, consciente ou inconscientemente, "autoculpa, autorresponsabilidade, autoincompetência" à equação. "Isso aconteceu porque eu fiz algo errado. Sou incompetente", mas, na realidade, não existe algo como "completamente minha culpa". Claro, você pode ser parcialmente culpado, mas há uma boa chance de que uma pessoa diferente na mesma situação teria tido um resultado semelhante. Ainda assim, nos sentimos responsáveis porque fomos nós que falhamos ou cometemos um erro. O problema surge quando isso vai longe demais e passamos a nos culpar. Não paramos de nos culpar, mesmo quando os outros estão indo bem. Por quê?

Por não ter aceitado o passado e quem você era, você sonha um "sonho diferente". Você se recusa a aceitar o que já aconteceu e deseja um eu diferente, um resultado diferente, uma situação diferente. Mas meus desejos não mudam o passado e a realidade. Outros sonhos, outros desejos, parecem ser para o seu próprio bem, mas, na realidade, você está se enganando. Há momentos na vida em que isso acontece. Você faz escolhas que acha que são boas para você, mas elas acabam lhe prejudicando. É isso que são a autoculpa e a culpa.

A única e mais sábia resposta é a "aceitação total". Não vamos entender mal. Aceitação não significa desistir, desesperar-se ou aceitar sem poder fazer nada. Pelo contrário, é a aceitação mais ativa e proativa do passado e da realidade que já existe. Trata-se de permitir que eles existam. Eu me torno o sujeito de minha vida e existência. Outra maneira de dizer isso é "disposto a experimentar" ou "disposto a sofrer". Não porque sejam boas, corretas ou válidas. Eu simplesmente deixo que aconteçam porque já existem.

O passado já existe, quer permitamos ou não. No entanto, como sonhamos com uma situação diferente, não podemos permitir que o passado exista e continuamos a negá-lo. Continuamos a negá-lo, mesmo que seja impossível.

Continuamos negando-o, acreditando que ele é possível, embora seja impossível. O passado que negamos pode incluir outras pessoas e situações, mas o principal é "eu". A incapacidade de aceitar e aceitar o "eu passado" leva à autonegação, à autoculpa e à culpa. Por mais doloroso e difícil que seja, queremos nos livrar do "eu" passado, do "eu" que falta e do "eu" que não queremos ser.

O esforço e o comprometimento são virtuais e compreensíveis, mas, infelizmente, é uma estratégia que não funciona. Não funciona, exceto para tornar a pessoa que tenta mais difícil. Essa é a natureza da autoculpa e da culpa.

- A autoculpa e a culpa são bastante egoístas

Sentir-se culpado ou envergonhado não é humildade nem autorreflexão. Pelo contrário, são estratégias inconscientes para obter superioridade psicológica, segurança e satisfação. É uma estratégia falsa, e você acaba sendo a vítima.

À primeira vista, isso pode parecer difícil de entender. Por que o egoísmo é egoísta se se trata de reconhecer suas próprias falhas e assumir a responsabilidade por elas, e não por outras pessoas ou situações? É claro que a autorreflexão adequada pode ser. Mas a maior parte da autoculpa e da culpa é resultado de um egoísmo insidioso. Trata-se de sonhar com uma versão "diferente" de si mesmo. É uma forma de auto-traição e auto-engano. Colocamos a fasquia alta e encontramos satisfação nisso. "Eu sou esse tipo de pessoa, esse tipo de ser, mesmo que eu não seja.

É também uma estratégia psicológica de enfrentamento. Você não consegue se aceitar como é, então cria uma versão falsa de si mesmo para torná-la real. Mas ambas são falácias: o "você feio" que você acha que é não é real, e o "você brilhante" que você gostaria de ser não é real.

Autoculpa e culpa excessivas quando "quem você é" fica aquém de seus padrões autoimpostos em uma tarefa ou situação. Dizemos "egoísta" porque esse é um senso impraticável de superioridade ou defesa psicológica. Queremos sentir superioridade psicológica, satisfação e segurança criando uma imagem de nós mesmos como se não falhássemos, não fôssemos feios, frios, capazes e estivéssemos indo bem, mesmo que estejamos falhando na realidade. Isso cria uma separação entre o eu real e a situação real. Como resultado, perdemos de vista o meu verdadeiro eu e o mundo real, e não conseguimos pensar e implementar respostas e soluções práticas. Como resultado, você prejudica a si mesmo. O egoísmo fracassado que prejudica você - é isso que a autoculpa e a culpa são.

Isso significa que não devemos sonhar em ser diferentes? Não estamos todos nos esforçando para sermos melhores do que somos? Isso não faz parte do autoaperfeiçoamento? Sim, faz. Desde que você faça isso corretamente. E é disso que trata este artigo: fazer o que é certo.

Só que você não precisa ter uma "ilusão". O "outro" é um tipo de ilusão. Padrões e autoimagens elevados que não têm nada a ver com a realidade ou o fato podem parecer agradáveis, mas são ilusões. De qualquer forma, as fantasias são mais prejudiciais do que úteis, portanto, em vez de fantasiar, estabeleça metas e estratégias bem realistas e práticas e veja se elas o beneficiam. Como resultado, modifique as estratégias que são impraticáveis e prejudiciais. Por você e por mais ninguém.

As ilusões geralmente são impostas a nós por outras pessoas e pelo mundo, em vez de serem criadas por nós. Em vez de fazermos um julgamento saudável e racional, aceitamos passiva e inconscientemente imagens externas, confundindo-as com a autoimagem que desejamos e acreditando nelas. Isso leva a vários efeitos colaterais. Por exemplo, homens e mulheres geralmente desejam ter um corpo bonito, um rosto bonito ou uma estatura alta, o que o mundo diz ser bom. Isso também inclui ter uma mentalidade que é descrita como uma "armadura mental". Pode incluir ter um parceiro que seja visto como socialmente bem-sucedido, ter um ótimo emprego com habilidades que sejam invejadas por todos, adquirir conhecimento, honras e fama, ou fazer a diferença em sua comunidade ou organização.

Como eu disse antes, se você quiser alcançar algo, faça o melhor que puder para isso. A chave é se é uma meta que eu escolho ou algo que fui doutrinado e que espero cegamente. A primeira o deixará feliz, tanto no processo quanto no resultado. O segundo, ao contrário, pode fazer você sofrer a cada momento.

Precisamos estabelecer nossas próprias metas, não as metas dos outros que confundimos com as nossas. Isso nos livrará dos sentimentos desnecessários de autoculpa e culpa que surgem quando nos apegamos a ilusões.

- Um arquétipo saudável de autoculpa e culpa é um instinto de autoproteção

Há uma história interessante no mundo da arqueologia. Costumava haver um enorme pântano em uma determinada área onde muitos animais se afogavam nos tempos antigos. Nos tempos modernos, o pântano secou e se tornou um solo duro e, quando os arqueólogos o escavaram, descobriram muitos fósseis de animais enterrados há muito tempo. Havia apenas um animal que não apareceu. Os seres humanos.

Os humanos podem ter percebido o perigo ao ver outros animais caindo e morrendo, ou talvez alguns humanos tenham caído e sido resgatados. Em ambos os casos, os humanos teriam reconhecido o perigo do local e o evitado. Os animais, por outro lado, não têm esse tipo de consciência, então caem e saem.

A sensação de que algo está "errado" nos protege de possíveis danos futuros. Nossos sentimentos de vergonha e culpa também são uma forma de autoproteção contra o perigo em potencial. Isso serve para que não repitamos o mesmo erro ou situação na próxima vez. Como não cair em um pântano no qual todos os outros animais caem. Para os seres humanos, isso se aplica não apenas a lugares ou distúrbios físicos, mas também para evitar situações perigosas e até mesmo nossas próprias falhas. Em algum momento, reações desnecessárias são adicionadas ou até mesmo substituídas pelo propósito objetivo e neutro da introspecção e da autorreflexão.

Mesmo que sintamos que há "algo errado" conosco, e há, o que devemos pensar nesse momento não é na autopiedade, mas no "homem sábio que evitou o pântano". O "sentimento não tão bom" é apenas um "aviso útil" para evitar cair no pântano novamente. Só precisamos seguir essa dica e estar preparados para a próxima vez. Pare o que precisa parar, mude o que precisa mudar e acrescente o que precisa acrescentar.

- O problema não é a autoculpa ou a culpa, é a direção

Não é possível mudar o passado, não importa quantos "sonhos diferentes" você tenha. Todo mundo sabe disso. Continuar sonhando e desejando um "passado mudado" não passa de teimosia mental. De certa forma, é um comportamento de pastoreio. O protótipo dessa teimosia pode ser a experiência que tivemos quando éramos bebês, quando gritávamos quando precisávamos e nossos cuidadores nos ouviam.

Em uma certa idade, isso não funciona mais. Algumas pessoas podem continuar a reagir por mais algum tempo, mas para a maioria de nós, depois de um certo ponto, isso acaba. Depois disso, começamos a tomar as medidas, atitudes, comportamentos e pensamentos mais sábios e adequados à situação e à realidade. Todos nós fazemos isso da melhor forma possível. Em nossas mentes inconscientes, pode haver traços de nossa infância passada.

Não conseguimos nos libertar, não conseguimos aceitar e continuamos a rejeitar a "situação errada, eu errado" que já passou. Não há um alvo, mas estamos usando o "enxame" em alguém.

O que precisamos fazer é "tornar o inconsciente consciente". Por muitos dos motivos mencionados acima, temos uma mente inconsciente que quer negar o que já aconteceu. Repetimos, nos apegamos e não conseguimos abandonar esse mecanismo que não tem mais nenhuma utilidade ou praticidade. Apenas por uma questão de satisfação psicológica, conforto e segurança.

É preciso ter consciência de que esse processo está ocorrendo inconscientemente. Precisamos notar e reconhecer isso. Quanto mais tornarmos isso explícito, mais nossos padrões e hábitos inconscientes desaparecerão, assim como a escuridão é dissipada pela luz. É claro que quanto mais esforço consciente fizermos, melhor. Quanto mais esforço consciente fizermos, mais fortalecida nossa consciência se tornará e mais deixaremos de desperdiçar energia com arrependimento e autonegação. Com esse novo poder de consciência, poderemos tornar a nós mesmos e às pessoas ao nosso redor mais saudáveis e aperfeiçoar nosso presente e futuro.

É algo que eu ficaria feliz em fazer.

◆◆◆

Resumo

A autoculpa e a culpa decorrem de um desejo irrealista de mudar o passado. É uma forma distorcida do instinto de autoproteção, que na verdade é uma estratégia psicológica egoísta. Para superá-los, você precisa aceitar o passado e a realidade como ela é e tornar conscientes os processos inconscientes. Em vez de se culpar, é importante aprender com suas experiências e se preparar para o futuro. Ao se concentrar no presente e no futuro, você pode parar com a autonegação desnecessária e ter uma vida mais saudável.

1.4 Até mesmo dependo do 'eu negativo'

: A existência não requer dependência

Os mecanismos psicológicos do ódio a si mesmo são bastante complexos, especialmente quando se trata de escondê-los. Um deles é a "autoconfiança negativa". Isso pode parecer um pouco surpreendente. "Eu confio em meu eu negativo? Isso é ridículo. Na verdade, isso está tornando as coisas mais difíceis para mim. Na realidade, você está. Este artigo o ajudará a reconhecer, aceitar e ir além de outra psicologia oculta de ódio a si mesmo.

- Enquanto você for dependente, você é inseguro

Normalmente, pensamos na negatividade como algo que não gostamos, de que nos afastamos e de que tentamos nos livrar. Em muitos aspectos, isso é verdade. Quando se trata do "eu negativo" - a autoimagem negativa que temos de nós mesmos, o senso negativo de si mesmo, o senso negativo de ser, a autoestima negativa - é exatamente o oposto. Você depende dele sem perceber.

Você ainda está se perguntando: "Eu realmente quero me livrar do eu negativo, eu realmente quero consertá-lo, mas por que eu dependo dele?

Aqui está algo de que você realmente não gosta. O que você faz quando isso acontece? Os seres humanos realmente abandonam as coisas de que realmente não gostam - eles se afastam delas ou param de olhar para elas. O Eu Negativo não consegue fazer isso. Mesmo que outra pessoa esteja ao seu lado tentando impedi-lo, você voltará incansavelmente ao Eu Negativo, se concentrará nele e ficará obcecado por ele.

Há algo que devemos observar aqui. Não importa se é o "eu positivo" ou o "eu negativo". A chave para esse mecanismo é a "dependência". Seja ele positivo ou negativo, o fato de eu ser dependente de algo é a chave. Você precisa perceber isso claramente.

Os seres humanos dependem de muitas coisas. Podem ser as coisas que você possui, as pessoas com quem você se relaciona, sua religião, um determinado conjunto de valores ou filosofia, suas realizações, sua aparência, seus pais, seus filhos ou qualquer outra coisa. Por que confiamos nessas coisas? Para afirmar nossa própria existência. Você acredita que sua existência é garantida e confirmada pelo valor ou significado do objeto em que você confia. Naturalmente, quanto maior for o valor ou o significado do objeto, maior será sua existência.

Há algo que deixamos passar despercebido. Não dependemos necessariamente do positivo e do bom. Também podemos contar com o negativo e o ruim para nossa existência. Consciente ou inconscientemente. A questão não é se é positivo ou não, mas o quanto dependemos dele. Quanto maior a força ou a influência, maior a dependência.

Às vezes, o doente mental comete crimes ou atos de repulsa. Por meio dele, ele gosta que o mundo e as pessoas se interessem por ele ou tenham medo e raiva. Porque isso confirma sua existência. Isso é o que acontece em algumas comunidades na Internet e, em filmes, por exemplo, esses personagens são assassinos em série.

Na psicologia do ódio a si mesmo, essa dependência se torna o "eu negativo". Definitivamente não é bom nem negativo, mas você o constrói como a base de sua existência ou identidade sem perceber. Você o odeia, sofre com ele e, ainda assim, depende dele. Se você acha que tem uma forte psicologia de autonegação e Ódio a si mesmo, tente parar ou eliminá-la. Faça um esforço deliberado para parar de se martirizar e se desesperar. Mas isso não será fácil. Porque você tem seus próprios motivos bons e válidos para se sentir assim. Para o bem ou para o mal, você foi condicionado a se ver de forma negativa e por um bom motivo.

Você está apenas se enganando. Você pode pensar que é uma autorreflexão ou um autojulgamento saudável, mas está confiando no "eu negativo" para sua existência e identidade. Mesmo que você consiga fazer isso, é muito doloroso. Isso afeta seus relacionamentos com as pessoas e sua vida diária. Até mesmo esse sofrimento se torna o objeto de dependência da existência. É um mecanismo estranho.

Mesmo que um amigo ou conhecido incentive a pessoa dizendo: "Você é uma boa pessoa, pode fazer isso, vejo seus pontos fortes e suas dificuldades não são o que você é", nove em cada dez vezes a pessoa rejeitará o incentivo. Como mencionado anteriormente, a pessoa identifica o "eu negativo" com o eu real.

Por que resistimos às tentativas de quebrar ou modificar nossa autoimagem negativa e nos apegamos a crenças que nos são prejudiciais? Porque você já confia nela. Ela é mais válida e mais familiar. É quem você é.

O que você pode fazer para corrigir problemas de dependência?

Em muitos casos, a ênfase está no oposto, no "eu positivo". Dizem para sermos positivos, para desenvolvermos uma autoimagem positiva. É claro que é uma boa ideia fazer com que sua existência e identidade dependam de seu "eu positivo" em vez de seu "eu negativo", portanto, faça isso o máximo que puder. Mas essa não é a solução. Porque, como já dissemos, depender de qualquer coisa é a mesma coisa. Desde que você dependa de algo para sua existência, valor, significado, etc., você não pode depender de nada. E, com o passar do tempo, essa dependência está fadada a vacilar e a se manifestar negativamente em algum momento.

Por quê? Porque minha existência não depende de nenhum objeto interno ou externo. Minha existência é única, significativa e valiosa por si só.

O que acontece quando torno minha existência dependente do que faço bem, alcanço, trabalho duro ou recebo a aprovação de outras pessoas? Se o objeto de minha dependência vacila ou desmorona, minha existência vacila com ele. Mesmo quando estou indo bem e estou satisfeito com a aprovação dos outros, isso não impede que uma ansiedade desconhecida se instale. Na verdade, mesmo quando estamos indo bem, não temos medo de que o futuro dê errado? Não é apenas o medo de uma queda futura. É uma ansiedade natural que surge do fundo de nós porque estamos confiando em algo de que não podemos depender. Mesmo que seja um eu positivo e próspero.

- A existência não requer dependência

Não há nada de errado com a "dependência" em si. É bom nos apoiarmos ou confiarmos em algo útil para nos mantermos de pé. Entretanto, é importante perceber que as dependências não são absolutas. É apenas uma ferramenta e um meio útil. Em nossa vida diária, dependemos "voluntariamente" de muitas coisas. Não se trata apenas de nossa identidade ou presença. Elas podem ser ferramentas físicas ou meios abstratos. Mas depender delas não deve significar deixar que nossa identidade e existência dependam delas.

O mesmo vale para o "eu negativo". Se você se encontra preso em um ciclo de ódio a si mesmo ou sofre de sentimentos graves de ódio a si mesmo, autodepreciação, autoculpa e culpa, é hora de reconhecer isso claramente. Isso ocorre porque sua existência e identidade dependem do "eu negativo", não da autorreflexão ou do autojulgamento objetivo. Você precisa perceber e reconhecer a natureza desnecessária e fútil de seu comportamento ritualístico.

Precisamos romper com a frágil estrutura de "minha existência entra em colapso ou desaparece sem o objeto do qual dependo". O mesmo vale para "o valor e o significado de mim e de minha existência são determinados pelo valor ou significado dos objetos dos quais dependo". Embora plausível à primeira vista, isso não é um fato, mas uma configuração.

Não preciso de nenhuma dependência para existir.

Minha existência é única, digna e completa, independentemente do que eu dependa. O valor e o significado de mim e de minha existência não são determinados pelo valor e significado dos objetos de minha dependência.

Reconheça que você não precisa depender do "eu" negativo para sua existência e identidade. Reconheça que esse é um instinto de autossustentação, automanutenção e autoproteção que temos. Apenas reconheça que está fazendo mau uso dele. Confiar no "eu" negativo para sua existência é um comportamento totalmente improdutivo. Tenha clareza de que está fazendo isso porque é o que está acostumado a fazer, o que lhe foi ensinado e o que foi influenciado por seus pais e amigos.

Vamos mudar nossa existência e identidade para confiar no "eu" positivo. Isso pode não acontecer de uma só vez, mas não é difícil. Confiar no "eu" negativo é a mesma coisa que eu fiz, só que desta vez mudei o "objeto". É preciso esforço, disciplina, encontrar um método e cultivá-lo adequadamente.

Vamos dar um passo adiante. Reconhecer que minha existência e identidade não dependem do eu positivo ou negativo. Use a dependência como uma ferramenta, mas incline-se mais para o eu positivo do que para o negativo, sempre reconhecendo que a dependência do eu positivo não é absoluta. Reconhecer sempre que minha existência e identidade são únicas, poderosas e completas, independentemente da dependência.

◆◆◆

Resumo

Um dos mecanismos ocultos do ódio a si mesmo é a dependência do "eu negativo". As pessoas geralmente recorrem ao seu "eu negativo" para validar sua existência. Isso causa ansiedade e dor, mas também parece familiar e seguro. A solução não é mudar para um "eu" positivo, mas reconhecer que a própria existência é intrinsecamente única e valiosa, sem depender de nada. Use a dependência apenas como uma ferramenta e perceba que sua existência não depende de nenhum objeto.

1.5 Me autoflagelar é uma defesa preventiva contra o ódio dos outros

: Conceitos errôneos sobre o ódio a si mesmo como estratégia de defesa

Em casos raros, o ódio a si mesmo é usado para afastar a antipatia ou a crítica externa; é uma defesa proativa contra a possível antipatia e o ódio dos outros.

Como a autoculpa é uma defesa proativa contra o ódio de outras pessoas? Há um tipo de falácia psicoestratégica aqui: acreditamos (ou esperamos) que sim, quando não é, porque não é uma defesa.

Vamos dar um passo de cada vez. Quais são as boas ações a serem tomadas quando fazemos algo errado? A primeira coisa é reconhecer o erro e fazer uma reflexão sobre si mesmo, pedir desculpas à outra pessoa ou pedir perdão. Por exemplo, digamos que uma criança faça algo errado e os pais descubram. Se a criança confessar e pedir perdão, os pais ficarão satisfeitos com o comportamento da criança e simplesmente darão atenção a ela e a perdoarão, a menos que haja circunstâncias especiais.

Esse mecanismo às vezes está presente na Ódio a si mesmo: não sou bom o suficiente, não sou bom o suficiente, não sou bom o suficiente, e acho que os outros sabem ou saberão (isso geralmente é uma preocupação excessiva). Não consigo lidar com suas reações negativas. Não posso permitir que isso aconteça. Então, eu me repreendo antes que eles percebam. É como se a criança fosse a primeira a admitir a falha e refletir. É claro que, no caso do ódio a si mesmo, esse processo acontece de forma inconsciente.

O problema é que, como outros mecanismos de ódio a si mesmo, essa é uma "estratégia que não funciona". O executor quer que ela funcione, mas não funciona. É claro que, se você souber claramente que ela não funciona, não vai se martirizar de antemão. Mas, enquanto acreditar inconscientemente que funcionará, você se esforçará e a repetirá automaticamente.

Há também outro mecanismo de auto-ódio preventivo. É uma espécie de "autodisciplina", na qual eu me disciplino odiando a mim mesmo antes que os outros me odeiem ou não gostem de mim (é claro que essa "disciplina" é uma ilusão distorcida e inconsciente). Assim, quando os outros realmente me odiarem mais tarde, será menos chocante porque já me odiei. Já abandonei o corpo, já desisti do corpo e já estou me odiando, de modo que o ódio deles se torna natural ou sem importância. É como se dissessem: 'Eu já sabia que você faria isso.

Isso pode acontecer porque eu me objetifico, ou seja, eu me torno outro para mim mesmo. Não há nada de errado com a auto-objetificação em si. Ela é até saudável, e quanto mais saudável você a usar, melhor será para você e para os outros. Mas a pré-objetificação é objetivar, mas "tratar mal". Tratamos a nós mesmos de forma errada, assim como tratamos os outros de forma errada.

Essa também é uma estratégia falsa. A expectativa de que os outros o odiarão é geralmente uma ilusão, ou pode ser uma ilusão causada por um trauma psicológico passado. Isso faz com que odiar a si mesmo primeiro seja uma "fantasia em preparação para uma fantasia". Além disso, odiar a si mesmo primeiro não tem nenhum efeito preventivo real, ou seja, não tem efeito sobre o ódio que a outra pessoa sente por você. Na verdade, isso só aumenta a aversão ou o ódio que ela tem por você. Ninguém vê com bons olhos alguém que odeia até a si mesmo.

◆◆◆

Resumo

O ódio a si mesmo às vezes é usado como meio de defesa contra o ódio ou a crítica dos outros. Aparece como uma forma de autodisciplina ou prevenção de reações negativas dos outros, mas é uma estratégia ineficaz. Na maioria dos casos, a antecipação do ódio dos outros é ilusória ou resultado de um trauma psicológico passado. O ódio a si mesmo não evita de fato o ódio ou o julgamento de outras pessoas e pode até mesmo ampliá-los.

1.6 'Justificativa da realidade' como anestesia psicológica

: Conforto psicológico temporário e superficial vs. mudança real e útil

A sexta psicologia por trás do ódio a si mesmo, "justificação da realidade", é um conceito criado pela aplicação da teoria existente de "justificação do sistema" aos indivíduos. A "justificação do regime" é um conceito que requer um pouco de explicação. Ele foi desenvolvido em uma série de estudos pelo psicólogo político americano John Jost e sua equipe de pesquisa. Ele é descrito no livro Originals, de Adam Grant, que resume a teoria da seguinte forma

"Em sua pesquisa, a aceitação da desigualdade econômica foi maior entre os afro-americanos relativamente pobres do que entre os europeus. As pessoas nas faixas de renda mais baixas também eram muito mais propensas do que as das faixas de renda mais altas a ver a desigualdade econômica como inevitável. Eles também tinham duas vezes mais probabilidade de dizer que abririam mão de sua liberdade de expressão. Os mais desfavorecidos eram mais propensos a apoiar um status quo social que funcionasse contra eles. Os pesquisadores concluíram "O resultado contraditório é que aqueles que mais sofrem com uma determinada condição são os menos propensos a questioná-la, rejeitá-la e tentar mudá-la."

Esse fenômeno levou Jost e sua equipe a desenvolver a teoria da legitimação do regime. A ideia central é que as pessoas são motivadas a racionalizar o status quo como legítimo. Mesmo que essa racionalização seja contra seus interesses individuais ou de grupo.

Isso ocorre porque a autojustificação do sistema existente tem o efeito de aliviar a dor psicológica. É um analgésico emocional e psicológico. É inútil reclamar; isso só torna as coisas mais difíceis para você. Mas isso nos priva da raiva justa para combater a injustiça e nos rouba a vontade criativa de mudar o mundo."

A "legitimação do regime" é um tipo de defesa que os indivíduos têm contra a sociedade. No final do resumo, vemos a frase "analgésicos emocionais e psicológicos". Esse é o ponto principal. Quanto mais marginalizado você é, mais você é vítima do sistema e de suas estruturas, portanto, é de seu interesse mudá-lo. Mas eles não acham que isso seja possível. Mas eles acham que não é fácil fazer mudanças e, por isso, aceitam voluntariamente que o mundo é do jeito que é. Ao fazer isso, eles ganham uma vantagem psicológica imediata. Ao fazer isso, elas obtêm conforto psicológico imediato e aliviam seu sofrimento. De certa forma, é uma resposta muito pragmática. A realidade é que não há melhora, e a dor piora. É por isso que usamos o termo "analgésico".

É um pouco como a fábula de Esopo das Uvas Azedas, em que uma raposa encontra um cacho de uvas pendurado no ar, pula para cima e para baixo, mas não consegue dar uma mordida. Ao se afastar, ela diz: "Receio que essas uvas estejam muito azedas para comer.

Como isso se relaciona com a psicologia da Ódio a si mesmo? Na Ódio a si mesmo, o "sistema" é você, a realidade e as circunstâncias em que se encontra. Talvez você não esteja realmente tão carente, inseguro ou insatisfeito, mas se sente assim.

Se você realmente sente que não é bom o suficiente, vai preencher as lacunas. Essa é a resposta mais sábia, mais saudável e mais apropriada. Não há "falta" ou "insatisfação" inerente nos sentimentos e emoções humanos. Existem apenas "medidas" secas e objetivas. Se você está com sede, é uma medida de "falta de água no corpo", e você bebe água. Se você está com frio, é uma medida de "baixa temperatura corporal", e você precisa se aquecer.

Quando algo é medido, ser preenchido ou alterado com base nessa medição. Essa é a função e o objetivo originais da medição. É semelhante a como as pessoas desfavorecidas se filiam ativamente a partidos políticos, votam e apoiam partidos e políticos que trabalharão para elas ou se envolvem em outros movimentos sociais para melhorar sua situação.

O ódio a si mesmo resulta em "justificação do sistema pessoal". É uma "justificação da realidade", ou seja, é difícil mudar e é doloroso permanecer no mesmo estado, por isso é anestesiado pela autojustificação de que "essa inadequação e insatisfação é meu estado natural". É natural e justificado", por isso nos anestesiamos com a autojustificação. Como resultado, o sofrimento da mente é ilusório.

Assim como os justificadores do sistema justificam o sistema social desigual e irracional existente, eu considero minha própria feiura e inadequação como algo natural. Isso reforça o ódio a mim mesmo. Isso pode fazer você se sentir melhor, mas não é a resposta. Isso rouba de você o poder de viver uma vida saudável e fazer a diferença.

Precisamos interromper o processo errado. Feio e carente pode não ser quem você realmente é, mas mesmo que se sinta assim, não é algo que deva ser "aceito como está".

É preciso escolher entre o conforto psicológico superficial ou temporário mudança real, útil e genuína. Só temos de optar por não aceitar esse falso conforto. Se fizermos isso, naturalmente avançaremos em direção à mudança real.

Ao reconhecer de forma perspicaz as diferentes psicologias por trás do ódio a si mesmo, podemos nos libertar dele. Podemos acabar com ela. Assim, podemos parar de nos odiar desnecessariamente, parar de nos ver como feios ou não suficientemente bons. Então, a força interior que está sempre dentro de nós se manifesta, e nossa vida muda por conta própria. Você pode ser você mesmo e viver uma vida maravilhosa.

◆◆◆

Resumo

A justificativa da realidade é uma forma de Ódio a si mesmo, um mecanismo de defesa psicológico no qual os indivíduos justificam suas inadequações ou seu estado insatisfatório. Ela proporciona conforto psicológico temporário, mas impede mudanças reais. É semelhante à "justificativa do sistema", em que os desfavorecidos justificam um sistema injusto. A verdadeira solução é rejeitar esse falso conforto e fazer mudanças reais e úteis por meio de avaliação objetiva. Ao fazer isso, podemos nos libertar da Ódio a si mesmo desnecessária e recuperar nossa dignidade e valor inerentes.

1.7 Os erros sempre precisam de um 'bode expiatório'

: Compulsão do Cérebro Esquerdo - Por que o cérebro esquerdo continua procurando "razões falsas

Quando algo acontece, os seres humanos costumam procurar a causa ou o motivo errado em vez de procurar o "motivo real". Essa compulsão é mais inconsciente do que consciente, por isso não a reconhecemos com frequência.

O problema é que, com muita frequência, culpamos "minha culpa" pelas coisas que dão errado. É claro que nem sempre culpamos a nós mesmos; às vezes culpamos os outros, às vezes culpamos nosso ambiente. Podemos até culpar o destino. Mas como estamos preocupados principalmente conosco, tendemos a procurar motivos e causas para nossas falhas. Isso é habitual. A autoculpa e a culpa são inconscientes, o que torna mais difícil lidar com elas.

A autoculpa desnecessária só aumenta o ódio e a negação de si mesmo. Ela também impede a autorreflexão e o discernimento precisos. Não faça isso. O simples fato de dizer "não faça isso" não faz com que pare. A causa principal continua a mesma.

A neurociência aponta para uma "compulsão do lado esquerdo do cérebro" como a causa principal da autoculpa. É a necessidade instintiva do cérebro esquerdo de encontrar uma razão para tudo o que você faz, o que leva à autonegação.

Em julho e agosto de 2000, a BBC2 do Reino Unido exibiu um documentário em seis partes chamado Brain Story. A história a seguir foi extraída da sexta parte, "The final Mystery" (O mistério final). (Você pode encontrar histórias relacionadas na Internet pesquisando "left brain lies").

Mais adiante no filme, ouvimos falar de um homem chamado Joe, que teve seu corpo caloso, que conecta os lados esquerdo e direito do cérebro, removido cirurgicamente. Trata-se de um procedimento que não é mais realizado, mas que já foi usado para tratar epilepsia e outras doenças, para evitar que as crises epilépticas em um cérebro passassem para o outro.

Nesta cena, fazemos um experimento simples com Joe. Mostramos a ele uma palavra em seu olho direito e pedimos que nos diga o que é. As informações do olho direito vão para o cérebro esquerdo, que é responsável pela linguagem, e o cérebro esquerdo tem uma área de linguagem, de modo que Joe vê a palavra e dá a resposta correta. Mas quando você mostra uma palavra para o olho esquerdo, ele não consegue responder. As informações do olho esquerdo vão para o cérebro direito, mas como o corpo caloso está desconectado, as informações não estão sendo transmitidas do cérebro direito para o esquerdo, de modo que ele não consegue interpretar linguisticamente o que vê. Em vez disso, quando Joe é solicitado a fazer um desenho das palavras que vê, ele as desenha corretamente. Seu cérebro esquerdo não foi capaz de interpretar verbalmente, mas seu cérebro direito foi capaz de reconhecer não verbalmente o que ele viu.

A chave para o experimento é a cena seguinte, em que Joe é perguntado: "Por que você fez esse desenho?" e ele dá sua própria resposta qualificada. Por exemplo, depois de ver a palavra "casa" com o olho esquerdo, Joe faz o desenho de uma casa e, quando lhe perguntam por que fez o desenho, ele diz: "Ultimamente, tenho procurado um novo lugar para morar." Nesse caso, a resposta honesta e precisa seria "Eu simplesmente fiz o desenho" ou "Não sei". No entanto, o cérebro esquerdo de Joe está inventando motivos compulsivamente.

Diz-se que todos os pacientes com amputação do corpo caloso têm a mesma reação: as informações visuais que entram pelo olho esquerdo permanecem no cérebro direito (reconhecendo não verbalmente o objeto, mas não verbalmente), e o cérebro direito desenha uma imagem do que viu. Quando você tem de responder "não sei" sobre o motivo pelo qual fez o desenho, o cérebro esquerdo, que não sabe nada, apresenta um "motivo falso" para responder. É daí que vem o termo "mentiras do cérebro esquerdo".

Nossos cérebros (especialmente o cérebro esquerdo) têm a compulsão de encontrar uma lógica, razão ou causa única para fazer ou escolher algo.

Com base no experimento acima, podemos inferir que o que o nosso cérebro esquerdo encontra pode não ser a verdadeira causa ou razão. Isso se deve ao fato de que o mecanismo do cérebro esquerdo não trata do "motivo real", mas de "produzir a resposta mais plausível".

Uma delas é a autoculpa e a culpa desnecessárias. Não importa quantos erros e falhas eu cometa, há muitos fatores ambientais, causas invisíveis e forças incontroláveis que não posso controlar. Nosso cérebro pode não ser capaz de vê-los, como se o corpo caloso fosse cortado e o cérebro esquerdo não reconhecesse o que o cérebro direito viu porque não o recebeu. Então, em vez de dizer "não sei" ou "simplesmente não sei", inventamos razões plausíveis, mas falsas (autoculpa, culpa) e acreditamos nelas. É um tipo de hábito inconsciente, uma teimosia, uma reação.

O ódio a si mesmo busca a "minha culpa" como motivo para sua autoculpa e culpa. Eu sou a pessoa que mais sabe, a que está mais próxima de mim. Há muito o que descobrir. Eu me coloco como bode expiatório e, às vezes, culpo alguém mais fraco do que eu. Nesse caso, é o cérebro esquerdo que está culpando outras pessoas. Seja eu ou outra pessoa, o mecanismo de bode expiatório é o mesmo. É especialmente o mesmo pelo fato de ambos serem feios.

- Muitas coisas "simplesmente" acontecem sem que você tenha culpa

Muito do que pensamos ser "minha culpa, meu erro, minha incompetência, meu mal-entendido" na verdade não é. Se algo for de fato sua culpa, não o ignore, não o evite, mas tente entendê-lo objetivamente para que não aconteça novamente. Um número surpreendente de coisas "simplesmente acontece", o que significa que elas não são "minha culpa". Só precisamos perceber e aceitar essa "justiça". Sem forçar razões e raciocínios que não fazem sentido.

Aqui está um exemplo. Estou andando em uma rua escura e tropeço em uma pedra porque "por acaso" ela está lá. A culpa não é minha. Qualquer pessoa pode andar por essa área escura e tropeçar em uma pedra, e é inevitável que caia. Ou você está em um ônibus e a pessoa que está atrás tosse muito forte. Eu acabo pegando um resfriado. Não é "minha culpa". É que alguém resfriado está por perto. Estou caminhando em uma cidade estranha e remota e, de repente, um cachorro louco salta dos arbustos e morde minha perna. Novamente, não é minha culpa. Acontece que várias pessoas foram mordidas na estrada naquele bairro.

Muitas vezes, as coisas mundanas e complexas que vivenciamos não são diferentes de pedras, resfriados e cães raivosos. Criamos a "minha culpa" e nos afundamos em autoculpa e culpa.

Se você já sofreu de "compulsão do lado esquerdo do cérebro" e foi enganado, reconheça isso e pare com a conversa sem sentido. Não torne as coisas mais difíceis para você quando a culpa não é sua. Essa é a maneira de ser mais confiante e presente.

◆◆◆

Resumo

A "compulsão do lado esquerdo do cérebro" é um mecanismo psicológico que nos leva a nos culparmos com frequência quando procuramos a causa de um erro ou problema. Isso se deve ao desejo instintivo do hemisfério esquerdo do cérebro de encontrar um motivo compreensível. Entretanto, esse mecanismo geralmente leva a uma autoculpa imprecisa e desnecessária. Muitas vezes encontramos falhas em nós mesmos, embora muitas situações simplesmente "tenham acontecido". Ao reconhecer e interromper esse hábito, podemos viver uma vida mais confiante e digna.

1.8 Eu também sou um outro que deve me tratar com justiça

: A maioria de nós se trata pior do que os outros: tratamos os outros pior do que tratamos a nós mesmos

As funções básicas de nossa consciência são a objetivação e a identificação. A objetivação é quando eu me torno o sujeito da consciência e vejo tudo que não seja eu mesmo como o "objeto" da consciência, ou seja, a função de estabelecimento "sujeito-objeto". A identificação é a capacidade de perceber o objeto objetivado como eu novamente, ou de incluí-lo em mim.

No artigo anterior, descrevi o processo de ódio a si mesmo, no qual usamos indevidamente essa função de objetivação para separar e objetivar inconscientemente o "eu bom" e o "eu ruim" e, em seguida, identificar o "eu bom" como o "eu verdadeiro" e desprezar e odiar o "eu ruim", que também somos nós mesmos. Ao compreender todo esse processo, podemos nos livrar do ódio desnecessário contra nós mesmos.

A objetivação e a identificação não são ruins em si mesmas. É apenas uma função básica da consciência para a eficiência da sobrevivência, de modo que podemos notar e reconhecer suas estruturas e mecanismos, mas não podemos nos livrar deles. Não, não precisamos nos livrar deles. Só precisamos fazer bom uso deles.

Embora a separação e a objetivação do "eu bom" e do "eu ruim" sejam uma falácia, é natural que eu me sinta e me trate como um objeto. Todos nós podemos "nos sentir", ou seja, podemos nos reconhecer como objetos. Isso não requer nenhuma consciência ou trabalho especial, simplesmente acontece, e está acontecendo agora.

Normalmente, não notamos essa estrutura - é apenas "eu sou eu" e pronto. Mas se você prestar atenção, perceberá que eu sou um objeto para mim como qualquer outra pessoa e que me trato como tal em minha vida diária.

De agora em diante, tente estar mais consciente em cada momento de "eu como um objeto que é diferente de mim". Você não precisa se forçar a se sentir separado ou dividido. Não precisa tentar ou se esforçar, basta ficar atento a uma função da sua consciência que você vem desempenhando automaticamente e sem pensar há algum tempo.

"eu" que eu amo, adoro, me orgulho, odeio, não gosto, me decepciono e sinto pena também é outro objeto e outra pessoa, portanto, vamos cuidar dele e tratá-lo de forma justa a partir de agora. Além disso, não sou tão velho assim, então por que não deveria me tratar melhor se os outros me tratam bem?

A verdade é que muitas vezes nos tratamos pior do que os outros. Quando fazemos algo errado, somos duros conosco mesmos e deixamos os outros à vontade. Eles não me dão nenhum crédito. E quando me saio bem, raramente me elogio ou me incentivo.

Imagine o que aconteceria se eu tratasse alguém da mesma forma que trato a mim mesmo. Se eu fizesse algo errado, seria criticado, rebaixado e atacado sem parar. Mesmo que fizesse algo certo, você seria muito mesquinho com o reconhecimento e o elogio. Será que essa pessoa não enlouqueceria? E se um pai criasse um filho assim? É horrível pensar nisso.

Há muitos opostos no mundo. Há muitas pessoas que são duras com os outros e generosas consigo mesmas. Mas isso é apenas o que elas aparentam por fora. Na verdade, se você olhar mais de perto o coração delas, verá que não estão satisfeitas ou relaxadas de forma saudável. Uma pessoa que está realmente satisfeita consigo mesma e que cuida de si mesma não tratará mal os outros. Quando elas parecem ser generosas consigo mesmas, é uma forma de evasão consciente e paralisia. (Sua autoestima também é distorcida, porque não há "outro" para ela; o eu sem os outros é um eu patológico).

De agora em diante, trate a si mesmo como trataria alguém com quem se importa e que ama. Você precisa ser firme e rigoroso consigo mesmo, mas não seja muito severo. Não seja muito condescendente, não seja muito rigoroso e não seja muito objetivo. Quando repreender, leve em consideração a situação, o caso e o ambiente, e quando elogiar, duplique ou triplique seu apoio.

Não dá certo? É estranho que tenha dado certo em primeiro lugar. É o oposto do que você vem fazendo, portanto, é preciso continuar com firmeza e coragem até superar a inércia e mudar de direção. Então, em algum momento, você cruzará um limiar e isso parecerá natural.

"Sim, você está errado. Você estava errado.

Mas você deu o seu melhor em tudo o mais, eu sei disso.

O resultado não é bom, mas é o que é,

Independentemente desse fracasso, vamos dar o nosso melhor na próxima vez.

Eu confio em você".

"Nossa, você é tão bom nisso, é você!

É nesse ponto que eles realmente se destacam.

Acho que não conseguiria fazer isso.

Estou muito orgulhoso de você.

Excelente trabalho, mais uma vez."

Há muitas outras coisas que você pode dizer a si mesmo e para si mesmo. Pense bem nelas e use-as quando precisar. Não há nada que eu possa guardar para mim na jornada da vida.

◆◆◆

Resumo

Geralmente nos tratamos com mais severidade do que os outros. Isso se deve ao mau uso das funções de "objetivação" e "identificação" da consciência. Nós nos percebemos como objetos e, às vezes, nos tratamos com muita severidade, mas deveríamos nos tratar de forma justa e gentil, como se fôssemos um ente querido. Devemos ser positivos em relação a nós mesmos, compreendendo quando cometemos erros e nos elogiando mais quando temos sucesso.

1.9 O encantamento mágico de "ainda assim, não me afundo"

: A inconsciência pode ser transformada em consciência

Quando nos deparamos com uma condição ou situação, geralmente determinamos nossa resposta emocional com base nela. Por exemplo, "Sinto-me intimidado porque não tenho muito dinheiro" ou "Sinto-me impotente porque não tenho capacidade". No entanto, em essência, não há relação direta entre "qual é a minha realidade ou situação" e "como me sinto". A menos que você faça essa conexão intencionalmente.

"Como me sinto" em relação à "minha situação" é uma associação aprendida. Não é porque você deveria se sentir assim, mas porque foi socialmente ou pessoalmente condicionado a "sentir-se assim" no passado.

Podemos romper esse vínculo?

É claro que existem. Diferentes abordagens e metodologias são possíveis, dependendo de sua perspectiva.

Gostaria de sugerir uma maneira de fazer isso. Encontre algo em sua situação ou realidade que se encaixe na próxima frase e, em seguida, diga a frase final como se fosse uma declaração.

"Não me deixo levar pelo "embora".

E estou livre para fazer o que for preciso".

Você pode dizer isso em voz alta ou em sua mente. De qualquer forma, diga-o com firmeza, convicção e repetidamente. Deixe de lado a questão de se isso vai ou não acontecer na realidade, pois o pensamento "Mas não vai..." é apenas uma distração. Você só precisa sentir como se já tivesse acontecido, ou como se já estivesse nesse estado. É claro que isso não mudará sua mentalidade imediatamente. Mas com o tempo e a repetição, o efeito é claro.

Aqui estão alguns exemplos

"Não sou alto nem atlético, mas não deixo que isso me impeça.
E estou livre para fazer o que for preciso.

Sei menos, mas não deixo minha ignorância me dominar.
E estou livre para fazer o que for preciso.

Não tenho dinheiro, mas não tenho uma sensação de falta ou pobreza.
E estou livre para fazer o que for preciso.

Não me dou bem com as pessoas, mas não deixo que isso me impeça de me sentir alienado e solitário.
E estou livre para fazer o que for preciso.

Não me afundei em autodepreciação ou inveja, mesmo que não tenha os talentos, as habilidades e as condições necessárias.
E estou livre para fazer o que for preciso.

Eu realmente não gosto de indivíduos, grupos ou situações, mas não necessariamente fico com raiva.
E estou livre para fazer o que for preciso.

Posso ver claramente que a sociedade está bagunçada, mas não me deixo levar pelo senso pessoal e coletivo de inadequação.
E estou livre para fazer o que for preciso.

Não fico remoendo sentimentos de inadequação, insuficiência ou limitação em qualquer área de minha vida, mesmo que eu sinta que ainda não cheguei lá.

E estou livre para fazer o que for preciso".

Agora, vamos criar algumas frases que se encaixem em sua situação e declará-las de fato. Tendo em mente que

O inconsciente pode ser transformado em consciência!

◆◆◆

Resumo

Nossa resposta emocional é amplamente determinada pela situação, mas é uma conexão aprendida. Para romper essa conexão, podemos usar a frase: "Apesar de, deliberadamente, não estar apegado a, estou livre para fazer o que preciso fazer. E eu sou livre para fazer o que preciso fazer". Ao repetir essa declaração, podemos reformular a conexão entre a situação e nossa resposta emocional. Com a prática consistente, podemos transformar nossa mente inconsciente.

Capítulo 2 Como o Ódio a si mesmo se transforma em ódio aos outros?

2.1 Vale realmente a pena odiar?

: Eles são realmente dignos de minha energia emocional?

Além do ódio a si mesmo, também temos de lidar com o ódio aos outros. Se você realmente precisa se defender, se a outra pessoa precisa consertar algo ou se você precisa resolver algo, você deve fazer isso. Se a situação exigir uma resposta justificável à pessoa e à situação, você deve fazer tudo. Cada pensamento, cada palavra, cada ação, mas o problema é quando isso não acontece. Se você está odiando desnecessariamente, precisa fazer outra coisa.

Se você odeia constantemente alguém em sua vida e isso está lhe causando sofrimento emocional, há algo em que você precisa pensar para o seu próprio bem.

Essa pessoa é realmente digna de meu ódio contínuo?

Se eu odeio alguém (quer eu expresse meu ódio a essa pessoa ou não), a partir de então sinto que odiá-la é um ato significativo, não injustificado.

Na realidade, odiar alguém não é vingança, nem é a maneira de criar o efeito que você deseja.

Odiar alguém significa que você está gastando sua energia vital com essa pessoa. O ódio também é interesse. Cuidar é um investimento de sua energia física e emocional. Não tenho energia suficiente para dar às pessoas ou às coisas que amo e adoro, então por que deveria dar minha atenção e energia vital a alguém que não a merece?

Para mim, essa é uma questão séria.

A pessoa é realmente digna de meu ódio?

É digno de minha atenção?

Faz sentido continuar dando a ele a energia da minha vida?

Se ele valer a pena, então vá em frente e o odeie. Mas quando ficar claro que ele não vale a pena, pare de lhe dar atenção, pare de lhe dar energia, seja "indiferente" e "despreocupado". Jogue-lhe um último osso sarcástico, como faria com um cachorro, e encerre o dia.

Por você mesmo, por sua vida, não por ninguém mais.

Não importa o quanto você odeie cocô, não pode ficar sentado dizendo: "Eu odeio cocô, eu odeio cocô! Pare de pensar em cocô e comece a pensar em flores. Dê a si mesmo coisas mais reais nas quais pensar e prestar atenção. Isso é muito mais benéfico.

◆◆◆

Resumo

O ódio pelos outros é prejudicial a você mesmo. Se você se pegar odiando alguém constantemente, deve se perguntar se realmente vale a pena odiar essa pessoa. O ódio consome sua energia e atenção. Pense se essa pessoa realmente vale a energia de sua vida. Caso contrário, é melhor ser indiferente e desapegado. Em vez disso, é mais benéfico prestar mais atenção às coisas e pessoas que realmente valem a pena.

2.2 Projeção não é nem 'sombra interior' nem natureza demoníaca

: Você tem inveja de alguém? Você acredita que é superior a essa pessoa.

"Você sente que as pessoas o estão rejeitando?
A verdade é que você não quer lidar com eles.

Você acha que alguém está fazendo você se sentir culpado?
A verdade é que você não quer aceitar a solicitação.

Você sente que todos o estão observando?
A verdade é que você se preocupa demais com as pessoas.

Você sente que as pessoas estão tentando prejudicá-lo?
A verdade é que você está com raiva deles e se sente hostil em relação a eles.

Você sente que não consegue fazer algo?
Na verdade, você não quer fazer isso.

O que há nas pessoas que faz com que você as despreze?
Na verdade, é o "o quê" em você que você odeia.

De quem você sente inveja?
Na verdade, você está fazendo com que ele pense que você é melhor do que ele".

Por que nós, humanos, somos tão persistentes em ver negativamente, odiar, invejar e demonizar uns aos outros?

Todas as frases acima estão relacionadas ao fenômeno da projeção como um mecanismo de defesa psicológica. A primeira parte de cada frase é a projeção em um objeto externo, e a segunda parte é a verdadeira forma da projeção, as "sombras" dentro de você.

Uma descrição comum de "projeção" é "Um meio de atribuir aos outros traços que são inerentes a si mesmo, mas inaceitáveis; ou seja, pensar e agir como se seus atributos psicológicos estivessem presentes nos outros."

Envolve a atribuição de pensamentos, sentimentos ou impulsos inaceitáveis, chocantes ou embaraçosos dentro de si mesmo aos outros. Por exemplo, você pode não estar ciente de que está com raiva, mas acha que a outra pessoa está com raiva, o que é uma forma de projeção. É claro que a outra pessoa pode ou não estar realmente com raiva. Talvez ela esteja um pouco irritada, talvez esteja muito. Cabe a você fazer esse julgamento da forma mais objetiva e abrangente possível. Entretanto, compreender a projeção significa levar em conta todas essas possibilidades e concentrar-se nas "estruturas e causas psicológicas internas" do comportamento, independentemente do objeto externo.

O primeiro elo da cadeia de resolução da projeção negativa é abordar a causa raiz da projeção, a "sombra" dentro de nós.

Vamos chamar "sombreamento" de "demonização" aqui. A razão pela qual a projeção é negativa pode ser analisada da seguinte forma. Em primeiro lugar, a pessoa sente algum tipo de aspecto "demoníaco" dentro de si e o projeta em um objeto externo, ou seja, demoniza a outra pessoa.

- Ilusão primária: algum aspecto do eu é primeiramente percebido como "demoníaco". (Isso está diretamente relacionado ao mecanismo de ódio a si mesmo).
- Ilusão secundária: projeção da natureza demoníaca criada em um alvo externo.

Em outras palavras, sinto a "sombra" dentro de mim, mas, ao mesmo tempo, ainda não consigo abraçá-la ou aceitá-la naturalmente como minha. Ela está lá, mas não consigo reconhecer sua existência e, por isso, eu a substituo por algo fora de mim.

Então, podemos também pensar em parar a projeção com base nesses dois aspectos?

Primeiro, pare de cometer o erro de sentir os aspectos sombrios de si mesmo como negativos ou demoníacos.

Em resumo, é a percepção e a aceitação das coisas "como elas são". É apenas um aspecto de nosso ser inerente, uma característica. Ver as coisas "como elas são" de forma saudável é normalização e cura.

Esse também é o principal processo de resolução de nosso tópico, a psicologia do ódio a si mesmo. Os aspectos instintivos, as necessidades, os traços de personalidade, as características e os desejos que temos são naturais para nós como seres vivos. Entretanto, devido às críticas e repreensões dos adultos em nossa infância, à opressão e à pressão dos outros e da sociedade à medida que crescemos e às auto-inibições que nós mesmos criamos, desenvolvemos "auto-tabus".

Algo que "já existe" não desaparece quando você pensa que não existe. Em primeiro lugar, é impossível. Tentamos fazer isso e depois nos desesperamos. Esse desespero leva ao Ódio a si mesmo.

Por exemplo, nossos sentimentos de necessidade, raiva, desejo, retraimento, depressão, tristeza, etc. não são "negativos". Eles são respostas vitais e naturais. A chave é como aproveitar ou controlar esses sentimentos, não negá-los, reprimi-los ou fingir que eles não existem. A resposta também não é ficar imerso demais neles; essa imersão não tem efeito positivo, mas produz efeitos negativos. Ambas as reações resultam na projeção de questões internas não resolvidas em objetos externos.

Em segundo lugar, é preciso notar a projeção para a outra pessoa ou para o exterior.

É perceber que a sombra ou a natureza demoníaca em mim não é inerentemente demoníaca e que a negatividade e a natureza demoníaca da outra pessoa que eu sinto e percebo não são "a verdadeira forma e condição da outra pessoa". Portanto, o primeiro passo é parar de projetar a negatividade na outra pessoa. É claro que pode haver casos em que a outra pessoa tenha negatividade. Nesses casos, é importante não sentir ou projetar mais negatividade do que ela já tem.

Por exemplo, se a negatividade de uma pessoa está em um nível máximo de 100, eu deveria estar vendo-a em cerca de 30 neste momento, mas me dizem para parar de me sentir como se estivesse em 70 ou 80 por causa da minha própria projeção interna e demonização da outra pessoa. Minhas emoções e reações estão fadadas a serem intensas por causa do excesso de configuração, e coisas às quais posso reagir e lidar normalmente podem levar a reações exageradas ou a grandes conflitos. No final, tanto você quanto a outra pessoa sofrem com conflitos desnecessários.

Embora seja importante parar a segunda ilusão, a primeira ilusão, "minha natureza demoníaca interior", deve primeiro ser vista claramente, reconhecida e notada para ser resolvida. Sem uma aceitação saudável de nós mesmos, não podemos aceitar totalmente o mundo externo. Em essência, o interior e o exterior não são tão completamente separados quanto pensamos.

A chave é reconhecer que elas não são "negativas" em primeiro lugar - que as emoções, sentimentos, pensamentos, reações etc. dentro de você são coisas naturais que existem por uma razão, não são coisas a serem eliminadas ou negadas. Desejos, vontades, medos, raiva, ansiedade... esses são apenas nomes que nós, humanos, demos a eles, e não têm nada a ver com o que eles são. As várias necessidades, desejos e emoções que sinto são apenas as "reações e gritos da vida" naturais. Não há nada de errado com o fato de elas existirem e serem sentidas. O que importa é como eu reajo a elas e as processo. Isso não quer dizer que você deva fazer tudo o que sente e deseja, mas sim que deve encontrar a maneira mais sábia de lidar com elas.

Se você decidir, desde o início, que eles "não devem ser sentidos, não devem ser pensados, não devem existir", todos os processos e ações subsequentes estarão fadados a sair dos trilhos.

Quando a "sombra dentro de você" for resolvida, o problema da projeção estará praticamente resolvido. É um fenômeno de causa e efeito. Se eu for bom em manter, aceitar, reconhecer e processar meus próprios sentimentos, necessidades, emoções e pensamentos, não terei nada para projetar em objetos e pessoas externas, ou se eu os projetar para fora, como tenho feito, não importa. Quando você deixa de se preocupar com o processo de projeção, não importa se você projeta ou não.

Para resolver a projeção, é melhor trabalhar primeiro em "mim" e em "meu eu interior", e não em objetos externos e outras pessoas. Trata-se de resolver o problema de minha sombra interior. Não se trata de livrar-se da sombra ou consertá-la; trata-se de perceber que a sombra não é a sombra. Para que eu possa começar por mim mesmo, ser gentil e receptivo, e abraçá-la. Para que você possa finalmente ir além das partes de si mesmo que foram mal interpretadas como sombras. Abraçar permite que você vá além. Eles são o mesmo fenômeno.

Isso não quer dizer que o processo seja fácil. Temos hábitos passados que foram construídos ao longo de anos e décadas. Há padrões mentais, conscientes e comportamentais. Perceber, interromper e mudar esses padrões exigirá tempo e esforço. Mas isso não é impossível ou inatingível. Quando você "começa", já está "terminado". Desde que você continue e não pare no meio do caminho. O destino é tão óbvio.

◆◆◆

Resumo

A projeção é um mecanismo de defesa psicológica no qual atribuímos características inaceitáveis de nós mesmos aos outros. Isso envolve demonizar a "sombra" dentro de nós e projetá-la para fora. Para lidar com isso, primeiro você deve aceitar seu lado sombrio como ele é, sem vê-lo como negativo. Em segundo lugar, você precisa reconhecer e parar de projetar nos outros. Depois de resolver seus problemas internos, o problema da projeção se resolverá naturalmente. Esse processo exige tempo e esforço, mas se você persistir, chegará lá.

2.3 Inveja e ciúme vêm da superioridade

: Sentir-se superior e inferior ao mesmo tempo

Em algum momento de nossas vidas, todos sentimos inveja ou ciúme dos outros. Isso não acontece apenas com as crianças. Não importa a idade, mesmo aqueles que se destacaram em suas áreas não estão imunes a isso. Todos nós sentimos inveja e ciúme quando alguém semelhante ou melhor do que nós recebe mais atenção ou se torna mais bem-sucedido, mesmo que finjamos que não.

A inveja e o ciúme podem ser positivos. Em muitos casos, "a inveja é minha força" e me faz tentar ou me esforçar mais. Mas, no final, ela estraga meu humor e me faz sentir fraco. Isso ocorre porque a inveja e o ciúme são basicamente emoções negativas.

Você quer acabar com a inveja e o ciúme? Mas só porque você quer acabar com a inveja e o ciúme não significa que isso acontecerá. Se você realmente quer se livrar da inveja e do ciúme, precisa fazer isso da maneira correta.

Há algo que você precisa saber primeiro.

O fato de que a inveja e o ciúme são inerentemente sentimentos de superioridade.

A teoria da projeção vê as sombras da inveja e do ciúme (as emoções arquetípicas originais) como "sentimentos de superioridade". Isso pode parecer estranho à primeira vista. Inveja ou ciúme é quando você sente que está faltando ou não é bom o suficiente, o que parece estar associado a sentimentos de inferioridade. Mas sentimentos de superioridade?

Quando sentimos inveja e ciúme, é porque não estamos satisfeitos com nós mesmos ou com nossas circunstâncias e condições; ou seja, não estamos satisfeitos conosco; ou é porque somos gananciosos. Você quer ter o que a outra pessoa tem.

Nem a "falta de autoconfiança" nem a "cobiça" são a causa da inveja ou do ciúme, mas sim o efeito delas, portanto, resolver a falta de autoconfiança ou abandonar a cobiça não impedirá ou eliminará a inveja ou o ciúme. É por isso que a maioria dos esforços para eliminar a inveja fracassa. A verdadeira causa da emoção ou expressão projetada permanece oculta, como uma sombra. Ela não está oculta. Só que não a percebemos.

Se não percebermos a emoção original e sua causa, continuaremos projetando a coisa errada para fora. Por quê? Porque não sabemos. É semelhante ao choro de uma criança que não para se você não perceber as necessidades reais dela e só lhe der coisas erradas. A inveja e o ciúme, que são projetados em um objeto externo, também são uma forma de eu me projetar em você. É como o choro de uma criança que não para quando ela traz a coisa errada para a mesa.

Agora vamos trabalhar no reconhecimento dos verdadeiros sentimentos de inveja e ciúme. Estou reconhecendo a mim mesmo. Quanto mais você os reconhece, mais a projeção desaparece. Não é fácil, mas pode ser feito, assim como uma criança agitada se acalma com o contentamento.

- Os sentimentos de superioridade e inferioridade andam de mãos dadas

Vamos nos aquietar e examinar nossa mente. Quando invejamos alguém que tem uma coisa boa ou está em uma boa situação, nossos pensamentos geralmente são: "Ah, eu gostaria de ter isso" ou "Gostaria de ser assim".

Não é isso que acontece. É: "Eu (não você) posso ter isso, eu mereço isso, tenho direito a isso". Em suma, torna-se: "Eu sou muito superior.

Se você sentir que não é bom o suficiente, que não é bom o suficiente, que não é digno o suficiente, você não vai querer ter ou ser isso. Às vezes, você nem sente inveja ou ciúme porque é como se fosse uma barreira intransponível, e você não consegue ultrapassá-la. Em primeiro lugar, você não tem dinheiro para isso.

O ciúme é a emoção que surge quando você está perto de tê-lo, ou quando a distância é pequena, e a inveja é quando está um pouco mais distante. Isso varia de pessoa para pessoa, mas essa é a ideia geral. O ciúme é quando meu senso interno de superioridade é mais forte, e a inveja é quando ele é mais fraco.

De agora em diante, quando você sentir inveja, ciúme ou inveja, reconheça isso. "Oh, estou me sentindo superior, mereço aquele status, aquela pessoa, aquele presente, aquele campeonato, não aquela pessoa". Não é inferioridade ou ganância. É superioridade. Não vamos nos esquecer.

Você pode estar pensando "Sentir-se superior não é basicamente uma coisa boa para mim, então por que isso é um problema?

Há uma razão para isso. É porque a superioridade e a inferioridade vêm em pares.

Não se trata apenas de superioridade e inferioridade. Toda emoção ou conceito que temos vem em pares. Assim como um ímã tem pólos N e S, ou a eletricidade tem pólos negativos e positivos. Os sentimentos de superioridade não podem existir isoladamente dos sentimentos de inferioridade.

Em outras palavras, a díade superioridade-inferioridade não é uma entidade separada, mas sim duas polaridades em um só corpo. De fato, elas são uma só. Muitas vezes percebemos e sentimos apenas uma delas, confundindo a outra com a ausência da outra. Mas a inferioridade e a superioridade são conceitos-sombra uma da outra. Quando um é revelado, o outro se torna uma sombra oculta, mas funciona da mesma forma.

Se a superioridade e a inferioridade se manifestam em pares, deve haver um "algo" que pode ser chamado de corpo ou organismo. Um corpo com duas faces. Somente vendo isso claramente é que poderemos resolver nosso problema adequadamente. O que é o corpo?

O corpo original do par "superioridade-inferioridade" é a pegajosa "mente de comparação e discriminação", o que significa que, pelo fato de haver uma mente que compara e discrimina as coisas, surgem a superioridade e a inferioridade. Se não houver comparação e discriminação, não haverá superioridade e inferioridade. Portanto, quando você sentir inveja e ciúme, deve perceber que há um sentimento de superioridade e inferioridade subjacente a eles e saber que eles surgem porque você tem uma mente de comparação e discriminação.

A comparação e a discriminação não são naturais? Existe algum ser humano que não se compare, e a comparação não é a única maneira de reconhecer a diferença?

Você está certo. Só precisamos acertar uma coisa. A "comparação e a discriminação" que criam a superioridade e a inferioridade também não são originais. São simplesmente "medidas secas": a pesagem irracional do que é mais comprido e mais curto, mais pesado e mais leve, mais claro e mais escuro, mais em forma e menos em forma, etc. Essas medidas são necessárias e, quanto mais precisas forem, melhor. Isso é algo em que os seres humanos são muito melhores do que outros animais.

O problema é que continuamos manchando as medições secas com comparações e discriminações pegajosas. Isso continua adicionando rótulos desnecessários de "gosto/não gosto". Acrescenta uma camada de reações de "superior/inferior". Se isso ficar fora de controle, pode até se transformar em obsessão/ódio. É claro que não há nada de errado em associar uma emoção de gostar ou não gostar a uma medida. De fato, é uma reação natural. Fazemos escolhas com base nessa reação. Até mesmo uma ameba, uma criatura unicelular, rasteja pelo chão e, se vê algo que deve ser evitado, ela se afasta e, se vê algo bom, vai atrás.

O problema é que aplicamos o like/dislike mesmo quando não precisamos, ou ficamos presos a ele mesmo quando não deveríamos ou não precisamos.

Por exemplo, meu parceiro tem um bom relacionamento que eu invejo. "Bom" significa que ele já foi medido. Por exemplo, quanto dinheiro ele tem ou não tem, ou quão bonito ou feio é seu rosto. É isso aí. Você tem mais dinheiro, tem um rosto mais harmonioso. Você tem um parceiro assim.

E daí? Isso determina a mim e a minha vida? Obviamente não, é apenas "assunto deles". Não tem nada a ver comigo, a menos que eu faça disso o meu negócio. Não há nada a ganhar usando o trabalho deles para definir o valor de mim e de minha vida. Por que transformar essa simples "medição" em uma "comparação", associando-a à superioridade e à inferioridade e, por fim, criando inveja e ciúme? Não há motivo algum.

Na maioria das vezes, a mente de comparação e discriminação não para em medições secas, mas algo gruda nela, uma mente pegajosa de comparação e discriminação. Ela se torna um corpo, e surgem superioridade e inferioridade, pólos positivos e negativos. A superioridade que sinto se esconde nas sombras. Subconscientemente, ela mascara o sentimento de "Eu deveria ter isso, eu deveria ter aquilo, eu deveria ter aquilo outro". Por fim, a inveja e o ciúme que permanecem são projetados na outra pessoa, o que faz com que eu me sinta pior e mais fraco. A projeção é um tipo de "emoção falsa".

Se você chegou até aqui, isso deve ter se resolvido sozinho. Se você quiser continuar a sentir e usar a inveja e o ciúme, pode fazê-lo. Mas e a energia psicológica que isso consome? Mas e quanto à energia psicológica que isso consome? Portanto, se quiser parar de projetar, o que é difícil para você e drena sua energia psicológica, veja o que pode fazer.

De agora em diante, quando a inveja e o ciúme surgirem, reconheça imediatamente que se trata de uma projeção de superioridade dentro de você. A projeção é uma emoção falsa. Em outras palavras, não estou realmente sentindo inveja e ciúme. Vamos senti-los e percebê-los pelo que são: um sentimento de superioridade.

Reconheça também que o senso de superioridade é uma polaridade de uma "comparação e discriminação" desnecessária. Por fim, reconheça que a comparação e a discriminação não são inerentes, mas estão contaminadas pela medição seca. É apenas uma medição. Não há nada de errado ou anormal com a medição. Só precisamos usá-la bem quando precisarmos dela.

Se você deliberadamente entender que a mente de comparação e discriminação é a mente de medição e julgamento secos e não acrescentar nada desnecessário a ela, então a mente de superioridade e inferioridade em relação aos outros não surgirá. Longo é longo e curto é curto, não superior e inferior, e mesmo que isso ocorra, não vamos nos preocupar com isso. Não importa, exceto quando for necessário. Mesmo que sentimentos de superioridade e inferioridade continuem surgindo por algum tempo, use-os enquanto forem necessários e não se preocupe com eles.

Em outras palavras, mesmo que ela surja, não há necessidade de tentar se livrar dela, negá-la ou impedi-la, basta reconhecê-la pelo que ela é: uma mente de superioridade e inferioridade. Reconheça que ela se baseia na mente pegajosa da comparação e da discriminação. E ver a "comparação e discriminação" pelo que ela é: "medição e julgamento secos". Assim, você não se importa que ela esteja lá. Assim, ela desaparece gradualmente por si mesma. É assim que acontece.

Não vou dizer que é fácil. Mas pode ser feito. É uma maneira infalível de nos livrarmos da inveja e do ciúme, de nos elevarmos acima das comparações de superioridade e inferioridade. Portanto, vamos fazer isso juntos até chegarmos lá. Porque, mesmo que haja obstáculos no caminho, se não desistirmos nem pararmos, acabaremos chegando lá. Esse é o poder de nossa mente. Não é tão difícil se você tiver vontade de fazer isso.

◆◆◆

Resumo

A raiz do ciúme e da inveja é, na verdade, um senso de superioridade. Ele vem da mente "pegajosa" da comparação e da discriminação. Os sentimentos de superioridade e inferioridade sempre andam de mãos dadas e surgem da "comparação e discriminação" desnecessárias. Para lidar com isso, quando sentir ciúme ou inveja, reconheça que isso é uma projeção de superioridade. Você também precisa entender que esses sentimentos vêm de simples "medições e julgamentos secos". Depois de entender a natureza desses sentimentos, você pode evitar comparações e discriminações desnecessárias e se libertar do ciúme e da inveja.

2.4 Absolvemos a nós mesmos punindo o outro

: Espelho da Sombra - Entendendo a Projeção Negativa

Anteriormente, falamos sobre como a projeção (especialmente a projeção negativa) é causada por um mal-entendido do elemento sombra dentro de nós. Desta vez, examinaremos os mecanismos de "projeção negativa" que nos prendem e como podemos mudar para uma "projeção saudável".

Aqui está um exemplo. Alguém parece muito covarde, e eu não gosto de covardia, e não gosto da pessoa que é covarde. Mas (independentemente de a pessoa ser realmente covarde ou não) há um "elemento de covardia" em mim, e não consigo reconhecê-lo ou aceitá-lo, por isso o reprimo ou evito. O elemento está presente em mim, é uma parte normal do ser humano, mas não consigo reconhecê-lo, então o reprimo como uma "sombra".

Mais importante ainda, chamar isso de "covardia" é um termo equivocado. Na realidade, pode não ser covardia, mas simples "cautela". Ou talvez seja uma "resposta racional" que não podemos reconhecer ou permitir que exista, por isso a reprimimos, evitamos ou ignoramos como uma sombra. Basta ter calma e admiti-lo, e não será nada.

Nesse estado, se você vê esse elemento na outra pessoa, independentemente de como ela realmente seja, você sente e pensa: "Essa pessoa é covarde. Não gosto disso", e é assim que você se sente e pensa. É claro que a pessoa pode ou não ser realmente covarde. Não se trata da pessoa, trata-se de mim e de meu eu interior.

É o mesmo mecanismo que faz com que uma pessoa sexualmente conservadora se sinta rejeitada ou repelida por uma pessoa sexualmente liberal. Incapazes de reconhecer sua própria "busca ou desejo de liberdade sexual", elas vivem, consciente ou inconscientemente, com essa tensão interna e a projetam para fora. Elas se absolvem "punindo" o objeto com ódio, raiva ou repulsa. É claro que isso é apenas uma medida paliativa, nada é de fato resolvido e o ciclo continua.

A projeção pode ser dividida em "projeção negativa" e "projeção saudável". Essa categorização da projeção em projeção negativa e saudável não é absoluta ou única, mas sim uma metodologia útil. Essa distinção, por si só, pode ser bastante útil para lidar com os desafios da projeção negativa em nossa vida diária. Em última análise, é claro, o objetivo deve ser reconhecer qualquer projeção pelo que ela é e, essencialmente, nos libertarmos dela.

Projeção negativa é quando você coloca todas as causas e fatores "lá fora" sem perceber que está projetando. Assim, você fica preso na projeção e culpa os outros. A projeção negativa também costuma ser acompanhada de uma "resposta emocional". É claro que nem todas as reações emocionais são negativas. Há muitas reações emocionais saudáveis e normais que são apenas isso: reações. A projeção negativa, por outro lado, causa problemas porque a pessoa sente e vê a outra pessoa ou o mundo exterior em um "estado, aparência e intenção distorcidos" causados por fatores internos, em vez de realmente sentir e ver a outra pessoa ou o mundo exterior em seu estado, aparência e intenção originais. Isso leva a reações emocionais, de pensamento e comportamentais desnecessárias e ineficazes, sem uma percepção clara da outra pessoa e da situação.

Uma "projeção saudável" é aquela que reconhece a possibilidade de projeção à medida que você sente e percebe o mundo externo e o objeto: você vê e sente a mesma coisa no objeto, mas tem plena consciência de que há um elemento de projeção dentro de você. Assim, você interpreta as emoções, os comportamentos, as intenções e os pensamentos do objeto que está sentindo ou interpretando como sendo principalmente projetados, mas, ao mesmo tempo, está sempre ciente de que há "outras possibilidades" - ou seja, você considera ativamente que o que está sentindo pode não ser exatamente o que está sentindo. Como resultado, os projetores positivos têm menos probabilidade de ficarem presos em suas projeções e terem reações emocionais negativas. É claro que uma projeção saudável não significa que você não deva ter nenhuma reação emocional. As reações emocionais são uma parte natural de qualquer projeção. Uma projeção saudável é diferente no sentido de que eu não fico preso ou envolvido nela mais do que o necessário e ela não afeta desnecessariamente meu julgamento.

De certa forma, a projeção parece estar ligada ao funcionamento dos "neurônios-espelho", que imitam as emoções e os comportamentos dos outros e, portanto, ao aprendizado sobre o mundo exterior e à empatia. Ela também pode ser uma função cognitiva básica do cérebro, como discutiremos no próximo artigo. Portanto, em um sentido amplo, a projeção deve ser vista como uma "ferramenta" neutra e útil, não como uma patologia. É nosso dever entender sua função e estrutura da melhor forma possível e usá-la bem.

◆◆◆

Resumo

Este artigo explica os conceitos de projeção negativa e saudável. Projeção negativa é quando você se projeta para o exterior sem reconhecer seus próprios elementos de sombra, enquanto projeção saudável é quando você entende o mundo exterior e reconhece o potencial de projeção. A projeção pode ser associada aos neurônios-espelho e pode ser vista como uma função cognitiva fundamental de aprendizagem e empatia. O objetivo é entender a projeção e usá-la de forma eficaz.

2.5 Sua projeção não tem nada a ver com aquele alvo externo

: Além das sombras - Expandindo seu entendimento sobre projeção

Eis o que considero mais intrigante na teoria da projeção em geral. Quando não gostamos, odiamos ou detestamos algo, a teoria da projeção nos diz que isso se deve ao fato de termos em nós mesmos as características que achamos que a outra pessoa tem. Tendemos a pensar: "Não, isso não é verdade, isso é um pouco forçado" ou "Sim, isso pode ser verdade", o que geralmente é o primeiro caso. O segundo também costuma ser o caso: "Sim, há um pouco disso. Mas será que isso é realmente verdade e é tudo o que existe?

Há bons motivos para essas dúvidas. Pode não ser a história completa do fenômeno da projeção, o que significa que é uma explicação parcial. É claro que, na projeção geral, especialmente na projeção negativa, o mecanismo de negar os aspectos negativos de nós mesmos, nossa sombra, e projetá-los em um objeto externo é bastante preciso. Ao tornar esse processo consciente, podemos evitar projeções desnecessárias e problemas emocionais.

Separadamente, agora precisamos ter uma visão mais ampla do mecanismo de projeção humana, ou seja, entender o fenômeno da projeção como um todo, não apenas a projeção negativa. Trata-se de entender a projeção como uma parte fundamental de nossa percepção do mundo, não apenas como um mecanismo para lidar com nossa "sombra interior".

Tentar parar ou eliminar a projeção negativa "incondicionalmente" pode levar à evitação, inibição e repressão e não é uma solução. É claro que é necessário estar livre da projeção negativa para a qualidade de vida e dos relacionamentos. No entanto, é melhor fazer isso por meio de um entendimento e uma percepção mais profundos da projeção, em vez de evitar incondicionalmente. Quanto mais clara e profundamente entendermos a projeção, melhor seremos capazes de utilizá-la. Porque a compreensão facilita a utilização.

Neste e no próximo artigo, usarei duas perspectivas para complementar e ampliar a interpretação limitada do fenômeno da projeção. Não se trata de uma questão de certo ou errado. Pode haver muitas interpretações diferentes de um fenômeno. A questão é: quão mais exatas e precisas, e quão mais úteis, elas são?

Neste artigo, usaremos as descobertas da neurociência para reinterpretar o fenômeno da projeção. Em sua essência, a ideia é que não há essencialmente nenhuma relação entre as informações que vêm de fora e as informações que são projetadas de dentro para fora na cognição humana.

- Uma análise neurocientífica do fenômeno da projeção

Em "First among Equals" (Primeiro entre iguais), a quarta parte do documentário de seis partes da BBC2 "Brain Stories" (Histórias do cérebro), que também foi transmitido no Reino Unido, há um estudo de caso de um homem chamado Kevin. Esse estudo de caso mostra que o que vemos do lado de fora e o que a mente (cérebro) percebe podem ser processos completamente separados.

Kevin sofreu um acidente e tem dificuldade para reconhecer objetos. No documentário, os cientistas pedem a Kevin que faça o desenho de uma bicicleta. Kevin faz um desenho de uma bicicleta porque a imagem de uma bicicleta permanece em seu cérebro. No entanto, quando lhe perguntam o que ele acabou de desenhar, ele responde "I don't know" (Não sei).

Ele não sabe que o objeto à sua frente é uma bicicleta que ele acabou de imaginar em sua cabeça e até mesmo desenhar, porque ele tem uma deficiência cognitiva que o impede de receber informações externas. Entretanto, logicamente, isso ainda não é fácil de entender. Mesmo que você tenha uma percepção prejudicada de objetos externos, você não consegue nem reconhecer a imagem que acabou de desenhar? Não é tão complicado assim. Mas a conexão simplesmente não acontece!

A interpretação do pesquisador é a seguinte Os dois processos perceptivos, de fora para dentro e de dentro para fora, são completamente separados e não estão diretamente relacionados. Normalmente, conectamos esses dois processos para completar nossa percepção, mas é um tipo de "conexão ad hoc, uma conexão aleatória", o que significa que não há conexão real entre os dois. Não parece haver uma explicação lógica para nossa percepção do mundo.

Essa é uma inferência razoável e válida baseada em fenômenos observados e não em um conjunto de princípios estabelecidos, mas não precisamos ir além do caso de Kevin para ver que essa discrepância entre "objetos externos" e "percepções internas" não é incomum. Embora normalmente a descartemos como uma anomalia, a neurociência sugere que essas discrepâncias podem ser a norma.

Por exemplo, há ocasiões em que nos enganamos com relação a uma pessoa ou situação que vivenciamos. Podemos nos enganar porque estamos desatentos, ou podemos entender ou interpretar mal o que vemos, embora o vejamos claramente. Em ambos os casos, há uma incompatibilidade entre o objeto externo e a percepção interna. Em alguns casos, achamos que temos uma imagem realmente precisa, mas em outros casos, ela é inconsistente ou irrelevante. Essa discrepância também é um fenômeno comum na vida cotidiana.

Você pode argumentar. Não se trata de uma "inconsistência intrínseca", como no experimento acima, mas sim de uma "inconsistência situacional" causada pela falta de precisão. É isso mesmo. São duas coisas diferentes. Mas pode haver alguma conexão. Talvez as discrepâncias situacionais que experimentamos entre nossos "objetos externos" e nossas "percepções internas" sejam uma manifestação de uma discrepância intrínseca subjacente. Isso é especulativo, é claro, mas é útil, de várias maneiras, estar ciente de que podemos cometer a falácia da incompatibilidade a qualquer momento. Isso nos impede de seguir cegamente um erro ou mal-entendido.

Quando nossas impressões e avaliações de um objeto ou situação se revelam incorretas, geralmente presumimos que fizemos um "julgamento errado" e que o problema foi resolvido com a correção de nossa percepção desse objeto externo. Às vezes, porém, até mesmo essa percepção corrigida é outro erro ou mal-entendido, e a discrepância reaparece. Normalmente, são necessárias algumas rodadas de revisões para reduzir o erro e chegar a uma percepção quase exata. A rigor, esse processo nunca está completo: as percepções que organizamos são apenas "ajustes relativos", não "associações absolutas".

Não estou dizendo que a inconsistência inerente entre "informações que chegam de fora" e "informações que saem de dentro" seja absoluta. É apenas uma possibilidade baseada nas descobertas da neurociência. Isso também não significa que todas as nossas "percepções" sejam completamente sem sentido e devam ser ignoradas. Elas não precisam ser. Mesmo que não haja nenhuma conexão intrínseca entre as duas, ainda há uma "utilidade" para a percepção que é criada ao vincular as duas informações. Essa utilidade é o que criou e sustentou a civilização humana e permite que os indivíduos vivam dia após dia, momento após momento.

Pode ser muito útil observar que nossos processos perceptivos, que consideram garantida a conexão entre as informações externas e internas, não são tão absolutos.

Entre outras coisas, a possibilidade de que as percepções possam não ser absolutas facilita a visualização e a correção dos erros que podem surgir ao tornar absolutas as percepções falsas. Não é exagero dizer que grande parte do sofrimento e da angústia vivenciados por indivíduos e grupos se deve à incapacidade ou à falta de vontade de admitir a possibilidade de que as percepções de alguém possam estar erradas. A percepção está errada, não eu, mas caímos nesse erro porque nos identificamos com a percepção e absolutizamos o resultado da percepção.

Uma nova interpretação do fenômeno da projeção pode ser feita aqui, que é sobre o que estávamos falando originalmente. A projeção de que estamos falando aqui é uma projeção muito mais ampla, não apenas a projeção negativa que enviamos para fora para negar os aspectos sombrios de nós mesmos, mas literalmente "todas as percepções" que projetamos de dentro para fora. E, como vimos anteriormente, as projeções que fazemos em objetos externos podem, na verdade, não ter nenhuma conexão direta com o objeto externo. Ele só é percebido como tal por nós.

Quando nos libertamos da conexão absoluta entre objetos externos e percepções internas, não precisamos confiar em nossas projeções de objetos externos. Podemos conectá-las quando forem úteis e desconectá-las quando não forem. Em conclusão, podemos ser tão livres quanto formos de nossas próprias projeções e das projeções dos outros.

◆◆◆

Resumo

Este artigo amplia nossa compreensão da projeção. Com base em pesquisas neurocientíficas, ele sugere que pode não haver uma conexão intrínseca entre as informações externas e a projeção interna. O reconhecimento de que nossos processos cognitivos não são absolutos nos ajuda a identificar e corrigir erros. Ele nos permite interpretar a projeção em um sentido mais amplo e nos dá mais liberdade para trabalhar com a projeção longe da conexão absoluta entre objetos externos e percepções internas.

2.6 Transcenda a projeção compreendendo sua polaridade

: Desvendando a distinção "preto e branco" em nossas percepções

De certa forma, todas as teorias de projeção existentes tratam de fenômenos consequentes. Não é que elas estejam erradas ou sejam insuficientes, é apenas que esse é o ponto de observação. Há um fenômeno de consciência, que é então ignorado e o próximo fenômeno ou resultado é observado. Isso significa que há um fenômeno de consciência que é o pano de fundo para o fenômeno de projeção resultante.

A teoria tradicional da projeção faz sentido em alguns aspectos, mas também é um pouco estranha em outros. Por exemplo, digamos que eu despreze o comportamento de alguém. Como vimos, há dois níveis de consciência acontecendo aqui. Primeiro, sinto ou percebo algum aspecto do comportamento de que não gosto dentro de mim e, segundo, projeto-o em um objeto externo.

Agora, há um "fenômeno de linha de base" que faz com que essas duas coisas aconteçam.

Isso é chamado de "discriminação por pares". Para simplificar, podemos chamá-la de "discriminação preto-branco".

Por exemplo, digamos que vemos "preto" do lado de fora e, para percebê-lo como preto, precisamos ter uma percepção oposta de "branco" dentro de nós. É claro que essas duas percepções de cor já foram estabelecidas no passado. Se olharmos para o preto do lado de fora sem a percepção do branco dentro de nós, talvez tenhamos uma noção dele, mas não o percebemos como "preto". Talvez a primeira vez que vimos o branco quando éramos crianças, não o percebemos como "branco", mas como uma certa "sensação". Isso se aplica a todas as nossas sensações físicas de objetos, não apenas à cor. Não há conceito de "o que é isso", apenas uma sensação de "oh, algo está ali".

Então, à medida que você se familiariza com o "branco" e o "preto" e aprende que eles são o "oposto do preto" e o "oposto do branco", respectivamente, você passa a ter o contraste sensorial e conceitual completo do preto e do branco.

Quando temos a percepção de uma distinção entre "preto e branco" e acrescentamos um conceito a ela, começamos a ver o preto como se fosse inerentemente "preto" e o branco como se fosse inerentemente "branco". Sentimos e acreditamos que isso é verdadeiro e absoluto.

A rigor, esse é um tipo de "interpretação retrospectiva", pois houve um momento em que você viu o "preto" e o "branco" pela primeira vez e não os sentiu ou percebeu como agora. Não é o preto e o branco em si, são apenas as configurações e os nomes que damos a eles.

Quer o percebamos como preto ou não, "o objeto" existiu e continua existindo. Mesmo agora, enquanto você lê este texto, se olhar para algo preto à sua frente, como fez no primeiro momento, se não olhar para ele como preto em contraste com a sensação de "branco", ele não será mais percebido como preto como o conhecemos. Ou mesmo a sensação dela.

(O sentimento não muda imediatamente. Os sentimentos existentes no cérebro e na consciência são alterados pela repetição e pelo treinamento. Mas a "percepção" pode mudar imediatamente, independentemente de como você se sente. Por exemplo, se você acorda de um cochilo em casa durante o dia em um feriado, olha em volta no escuro e acha que é a manhã seguinte, até que alguém da família lhe diz que você acabou de acordar de um cochilo. Sua "percepção" de "manhã seguinte" muda para "a mesma noite" em um período muito curto. Da mesma forma, como um experimento mental, você pode tentar olhar para algo preto ou de outra cor à sua frente sem a percepção de "preto". Se a sensação for mesmo que ligeiramente desconhecida, você conseguiu. É um pouco como aquele momento em que, de repente, você não consegue se lembrar do nome de algo que conhece muito bem e fica momentaneamente atordoado.)

Há muitas dessas "percepções de objetos" no mundo. Muitas delas não são necessariamente contrastantes, como preto e branco. Mas em todos os casos, quando se chega aos detalhes, é possível ver que as percepções são construídas em uma estrutura semelhante. Distinguimos entre cores diferentes porque, quando vemos uma cor, também temos a sensação das outras cores. O mesmo acontece com todos os tipos de sensações físicas, como a textura.

A percepção de objetos mais abstratos é ampliada da mesma forma. Não é necessariamente o contraste de duas polaridades, mas o entrelaçamento de conceitos de pares já estabelecidos que cria uma percepção cada vez mais complexa das distinções. É semelhante a como, na filosofia oriental, o polo primordial se torna yin e yang, e isso continua a se estender para as Quatro Nobres Verdades, o Caminho Óctuplo e as Dezesseis Nobres Verdades.

A parte disso que é necessária para entender a projeção é a primeira "percepção de contraste" que ocorre, a chamada "percepção de distinção preto-branco". Se eu estiver projetando "covardia" em algo fora de mim, um sentimento de "retidão" está surgindo simultaneamente dentro de mim. A percepção de "covardia" é uma percepção de "covardia" que surge dentro de mim independentemente do objeto externo e, quando surge, é apoiada pela percepção de "retidão" dentro de mim, assim como a percepção do preto é apoiada pela percepção do branco.

Na díade "covardia-justiça" ou percepção diádica, eu aceito a justiça, mas não a covardia. Elas são "uma com duas polaridades" que surgem, se movem e desaparecem como uma só, indivisíveis, como os polos de um ímã, mas tentamos reconhecer apenas uma polaridade, como se isso fosse possível. Elas são essencialmente as mesmas, mas rotulamos artificialmente uma como boa e outra como ruim, e então rejeitamos uma e aceitamos a outra.

Quero manter a "retidão" de que gosto e descartar a "covardia". A polaridade negativa que é descartada está latente e, quando um objeto plausível aparece do lado de fora, ela é projetada nele. Assim, ele se torna o "covarde" e eu me torno o "justo", e eu desprezo e não gosto da covardia dele, sentindo-me seguro. Agora me sinto seguro.

Todo esse processo é tecnicamente uma ilusão e uma imaginação de nossa consciência. A covardia e a retidão não são separadas, mas um par simultâneo. Elas são como irmãos gêmeos unidos. Eles têm polaridades diferentes, mas são indivisíveis. Eles se erguem juntos e caem juntos. Isso precisa ser esclarecido. Precisamos perceber que isso não é apenas uma teoria, é como nossos processos cognitivos realmente funcionam.

Depois de reconhecê-lo, há uma série de "processos posteriores" que se seguirão. Essa pode ser a maneira mais fundamental de resolver a projeção negativa em relação aos outros e ao mundo exterior. Trata-se de ver os dois lados da projeção e ir além dela.

Isso não quer dizer que o modelo seja absoluto. Os processos e as estruturas da consciência e da cognição humanas não são tão claros quanto os da matemática e da física. Felizmente, os recentes avanços na pesquisa em neurociência tornaram possível elucidar os detalhes da ciência cognitiva de forma mais concreta, e podemos usar mecanismos neurofisiológicos para explicar a estrutura, a identidade e a natureza da consciência e da cognição humanas. Devemos usar os resultados das pesquisas e descobertas a nosso favor.

O fato de a neurociência, a psicologia, a filosofia e outras disciplinas não as terem identificado ou explicado não significa que não tenhamos conhecimento de nossa consciência e percepção. A consciência e a percepção não são fenômenos separados de nós; ao contrário, somos tanto a causa quanto o efeito delas. Elas são o que são.

A mais útil nesse sentido é a "observação e percepção experiencial". É a observação atenta e a percepção do que estamos vivenciando como participantes dos fenômenos da consciência e da percepção. É claro que o processo, o conteúdo e as conclusões variam de pessoa para pessoa, mas podemos conversar uns com os outros e extrair elementos comuns. Por quê? Porque os fenômenos da consciência e da percepção são experiências comuns e experiências que todos nós temos.

Ok, agora a última.

Como coisas como "percepção preto-branco" ou "percepção covardia-direito" e seus conceitos de dualidade, dualidade e consciência dual são úteis para resolver a projeção negativa? O que podemos fazer quando nossa projeção negativa em relação a alguém está dificultando nossa vida, dificultando a vida da pessoa, causando problemas em nosso relacionamento e queremos impedir que isso se agrave?

Trata-se de reconhecer a "polaridade da projeção" com clareza. E que se trata, afinal de contas, de um cenário.

Por exemplo, quando sentir covardia em um oponente, reconheça que está sentindo covardia em si mesmo e que ela vem de seu próprio senso de retidão, e quando sentir que não precisa projetá-la para fora, olhe para o oponente com seu próprio senso de retidão e covardia. Não é que você não deva senti-lo, é que você deve senti-lo, mas tentar ignorá-lo. Então, ao olhar para a outra pessoa, observe o que acontece com você. Em resumo, trata-se de ignorar seus próprios sentimentos de justiça e covardia e olhar e sentir a outra pessoa.

Se esse esforço for bem-sucedido, o oponente não se sentirá mais covarde ou, se se sentir, isso desaparecerá. Não estou sugerindo que você se force a sentir ou pensar "ele não é covarde", porque isso não vai dar certo. Por quê? Assim como quando você diz "não pense em uma banana", você não consegue deixar de pensar em uma banana, então não importa o quanto você tente pensar "ele não é covarde", a distinção de "covardia" ainda está lá, e o sentimento subjacente de "covardia-justiça" em você ainda está lá. É também nesse ponto que as pessoas cometem a maioria dos erros no processamento emocional, no manejo emocional e nas questões emocionais. Portanto, quer se trate de um problema de projeção ou de um problema emocional, a verdadeira solução é resolver esse problema de covardia e justiça em primeiro lugar. É identificar e resolver o problema da bipolaridade, da dualidade e da consciência dual.

Há outra ressalva. Não é possível apagar ou eliminar completamente essa "covardia-direito". Não é nem mesmo possível e, se você tentar forçá-la, ela se tornará apenas um mecanismo de repressão, inibição, evitação e ignorância. Você pode pensar que se livrou da projeção negativa, mas ela ainda está na base da sua consciência e continua a afetá-lo. Você pode pensar que ela foi embora, mas ela continua a afetá-lo. Você pode pensar que se livrou da projeção negativa, mas ela ainda está na base de sua consciência e continua a afetá-lo.

Não se trata de apagá-lo, livrar-se dele ou fingir que ele não existe, mas sim de perceber essa estrutura e esse processo originais. Trata-se de perceber. De forma adequada. Quanto mais claramente você percebe, menos poder a projeção tem. Você se torna cada vez mais livre dela. Você não está livre porque ela se foi, mas porque não se importa que ela esteja lá. Por quê? Porque você sabe o que ela é, o que ela é.

Mais uma vez, reconhecemos e distinguimos tanto o "preto-branco" quanto a "covardia-justiça", mas só fazemos bom uso deles por necessidade. Não preciso fazer nada com a escuridão ou a covardia. E quando não são necessárias, inúteis ou causam sofrimento, ainda assim são distinguidas, mas sem apego excessivo a elas. Esse também é o princípio que se aplica à frase comum: "Não há problema em estar bem, e não há problema em não estar bem". Há uma grande diferença entre conhecer esse princípio e não conhecê-lo.

◆◆◆

Resumo

Este artigo explica como transcender a projeção por meio de percepções sobre a polaridade da projeção. Nossas percepções são compostas de pares de conceitos contrastantes, o que é descrito como "percepção em preto e branco". Para resolver as projeções negativas, precisamos reconhecer essa polaridade e perceber que ela é apenas uma configuração. O objetivo não é eliminar completamente esses pares, mas nos tornarmos mais conscientes de sua estrutura e processo e usá-los conforme necessário.

Capítulo 3 O 'eu' não é determinado pelo conteúdo

3.1 Identidade é sentimento, não conteúdo

: A natureza da identidade do ego

Quando olhamos para uma pessoa, geralmente analisamos seu "conteúdo": quem é ela, o que faz, qual é seu passado, o que conquistou, se é estudante, onde estudou e se é bom ou ruim nos estudos, se é funcionário, em que empresa trabalha e quanto ganha, se é artista, que obras criou e que prêmios ganhou, se é acadêmico, que teorias desenvolveu e que pesquisas conseguiu fazer.

Todas as tentativas de determinar a identidade de alguém pelo conteúdo falham.

Por quê? Porque a identidade real de uma pessoa é irrelevante. O que ela fez e quem ela é agora é secundário. É daí que surgem muitos problemas com autoidentidade, autoeficácia, autoconfiança e autoestima. É uma tentativa de definir a identidade de uma pessoa pelo conteúdo, quando ela não pode ser determinada pelo conteúdo. Dois dos "conteúdos" mais comuns da identidade são "quem sou eu" e "o que estou fazendo". A comparação que nos atormenta também surge por causa dessas duas coisas. Se a identidade é determinada pelo conteúdo de sua vida, é como se um ator tentasse definir o significado de sua existência na vida real fora do palco pelo papel que desempenha. O resultado é o mesmo, quer você se veja como mau ou bom. Não sou definido por "quem" sou ou "o que" faço. Eu os uso e utilizo, mas estou totalmente presente independentemente deles.

A identidade é mais um sentimento do que um conteúdo. De que tipo de sentimento estamos falando? Um sentimento inabalável, inabalável de ser forte, digno e orgulhoso de si mesmo. É um sentimento de ser forte e orgulhoso exatamente como você é, mesmo que não tenha nada, mesmo que não tenha feito nada, mesmo que não seja forte e orgulhoso. Parte da identidade pode ser preenchida ou expressa pelo que ele tem, mas a essência é esse "sentimento, realização".

A coisa mais importante que precisamos transmitir às crianças no jardim de infância e no ensino fundamental é a "autoestima incondicional". Não se trata de ser bom em alguma coisa, ter mais ou vencer uma competição, mas de um sentimento natural de que você é bom, independentemente de ter essas coisas ou não. É incondicional.

A autoestima condicionada, e tudo o que a ensina, instila e desencadeia, é nosso maior inimigo. E uma autoestima digna e não condicionada é a "autoidentidade" saudável que todos devem buscar. Não é algo novo, mas o que você é e sempre foi.

Novamente, a identidade não é um "conteúdo condicional", mas uma "consciência cognitiva da autoridade da totalidade incondicional" e um "sentimento de segurança e autoridade baseado nela". As condições e o conteúdo são apenas incidentais a isso. Esteja disposto a abraçar e utilizar tudo o que está ao seu redor, mas, independentemente disso, com ou sem conteúdo, ou mesmo com todo o conteúdo deixado de lado, esteja confiante e naturalmente presente, um sentimento de "ser", um senso de realidade. Essa é a identidade e a presença mais fundamentais.

Isso não é algo novo ou que tenha sido acrescentado. Mas caímos em um padrão estranho de usar o conteúdo acumulado de nossas vidas para definir quem somos e qual é o nosso valor. Por termos vivido nessa ilusão por tanto tempo e porque a sociedade e a cultura a impõem a nós, precisamos deliberadamente voltar nossa mente para nossa verdadeira identidade a fim de nos libertarmos dela. Quando você fizer isso e perceber isso com clareza, será natural.

- Minha identidade não sou eu, eu sou o proprietário de minha identidade

Uma falsa crença que muitas vezes tomamos como certa é a noção inconsciente de que a existência requer uma razão. É uma crença estranha de que alguém precisa cumprir razões e condições para ser reconhecido como pessoa. A maioria de nós acredita nisso de forma incondicional e acrítica. Mas isso não existe. Não precisamos de uma razão para existir. Se procurarmos uma razão ou justificativa para nossa existência no conteúdo de nossas vidas, isso se tornará um jogo sem fim, um problema sem resposta. Esse "conteúdo" é um conjunto de configurações que nós, os outros e o mundo impõem a nós.

O próprio fato de você existir agora é prova de que todas as razões e condições para sua existência já foram cumpridas. Se não houvesse condições e motivos suficientes, nem você nem eu existiríamos em primeiro lugar. Você precisa recuperar esse sentimento interno de "força e confiança incondicionais" que advém da compreensão disso. Uma presença que você já tinha ao nascer e que ainda tem, mas que foi obscurecida pelas condições e regras estranhas impostas pelo mundo, pelos outros e por você mesmo.

Não há necessidade de buscar um "eu" melhor, um "eu" mais completo, um "eu" mais vibrante, um "eu" mais maduro. Você só precisa ver com clareza e deixar de lado todo o "não-eu" que você é, todo o "eu negativo e passivo" que o mundo, os outros e você mesmo impuseram a você desde que nasceu, que é apenas um cenário temporário, uma limitação infundada, uma restrição frágil. Deixe isso para lá. Ignore-as. É a mesma maneira que a sombra desaparece por si mesma na presença da luz. Nada pode me definir a menos que eu, o mestre, permita que isso aconteça. Você deve ter essa mentalidade firmemente em mente. Porque é assim. Então, quando o "não-eu" tiver desaparecido, vamos sentir, abraçar e aceitar o "eu" que está sempre lá. Em uma frase.

"Já sou bom o suficiente do jeito que sou."

"Já estou confiante do jeito que sou."

"Já estou orgulhoso de mim mesmo do jeito que sou."
"Eu já sou adorável do jeito que sou."

As identidades de outras pessoas também podem ter essa sensação. Por exemplo, as palavras mais curativas que um pai pode dar a um filho são as seguintes

"Eu apoio e amo você do jeito que você é, não importa o que você faça."
"Se você se tornar mais bem-sucedido e realizado, terei orgulho de você por isso, mas se não se tornar, ainda terei orgulho de você."
"Seja o que for que você decida fazer, eu o apoiarei."

Porque é assim que as coisas são. Não é uma questão de acreditar, é uma questão de perceber. Dar às crianças esse senso saudável de si mesmo e de identidade deve ser o objetivo principal de qualquer família, escola ou sociedade. O "conteúdo" é uma ferramenta secundária. Por exemplo, é perfeitamente aceitável usar o "conteúdo" das características pessoais, dos pontos fortes, dos aspectos etc. de um indivíduo para estabelecer um senso saudável de singularidade e identidade e para aumentar a autoestima, o autorrespeito, a autossatisfação, a autoconfiança etc. Então, qual é o problema de estabelecer uma existência forte e saudável como indivíduo desde cedo e ser capaz de se relacionar com o mundo e viver feliz?

No entanto, o que é construído dessa forma não é uma identidade verdadeira, mas sim um pequeno senso de "personalidade, individualidade". Essa estratégia de usar a individualidade e a individualidade como uma identidade única e um valor de existência é fundamentalmente limitada e pode ter seus próprios efeitos colaterais. Ela se baseia em algo volátil e efêmero. Não importa o quanto tentemos expandi-la, a individualidade determinada pelo conteúdo não pode escapar do destino de "limitada,

limitada" em si mesma. Aceitar ou não esse fato é uma questão de livre escolha, mas, se não o percebermos, podemos chegar a pensar nele como a totalidade de nossa identidade, não deixando espaço para mais nada.

A identidade é algo além que não tem nada a ver com "conceitos, conhecimento, definição ou discernimento". Portanto, se há apenas uma coisa que cada ser humano pode tomar como sua identidade, é a identidade da não definição. A palavra "não-limite" é também a palavra "infinito" ou "infinito", que significa "infinito". É infinito no sentido de que não tem nada a ver com a estrutura conceitual de finito e infinito, e está além deles. Portanto, é infinito no sentido de que não é limitado pelo conceito de finito ou infinito.

Isso não significa que eu não tenho identidade? É claro que não. Isso significa que minha identidade não sou eu, mas que sou o proprietário de minha identidade. Sou um ser que está tanto dentro quanto além de todas as identidades. A partir de uma base clara de "identidade não definidora" ou além de todas as identidades, posso assumir, usar e abandonar livremente a identidade de que preciso a qualquer momento.

Uma coisa é usar condições quando você rompe o "argumento da existência incondicionada", mas outra é usar condições quando você cai na armadilha de presumir que a existência exige naturalmente algumas condições. Por exemplo, considere duas pessoas socialmente condicionadas de forma semelhante e envolvidas em atividades semelhantes. Se uma não depende de suas ações e condições para sua existência e validade, e a outra ainda depende delas, elas estão vivendo vidas completamente diferentes. Agora você precisa notar a diferença.

Nossa existência não exige condições.
Não há condições, basta fazer bom uso delas conforme necessário.
Sem depender de nenhuma memória internalizada,
sem depender de realizações ou fracassos externos.

Podemos existir em nossa plenitude.

E você faz o que precisa fazer.

◆◆◆

Resumo

A identidade é um sentimento, não um conteúdo. A verdadeira identidade vem da autoestima incondicional e de um sólido senso de si mesmo. Nossa existência não requer um motivo ou uma condição. Já somos suficientes como somos, e temos valor independentemente de nosso comportamento ou realizações. A identidade não é limitada, e nós somos os mestres de nossa identidade. As condições são apenas ferramentas que usamos quando necessário.

3.2 Ser uma existência que vive segundo o roteiro ou ser o sujeito que cria o roteiro?

: Libertar-se dos cenários negativos impostos pelos pais e pela sociedade no passado

Há dois tipos principais de problemas psicológicos que as pessoas enfrentam na vida: emocionais e cognitivos. Os distúrbios emocionais são as consequências emocionais de um evento desagradável, triste ou traumático do passado que permanece na mente e é repentinamente revivido em nossa vida diária, afetando-nos negativamente. Nesse caso, o problema não é apenas emocional, mas também físico.

Enquanto os distúrbios emocionais são "distúrbios emocionais", os distúrbios cognitivos são "distúrbios do pensamento" ou "distúrbios da compreensão". Eles podem ser erros puramente cognitivos por si só, mas, na maioria das vezes, são acompanhados pelos impactos emocionais e sensoriais que mencionamos anteriormente. Em resumo, é uma luta contra o "pensamento errado". Muitas vezes não conseguimos ver ou corrigir nossos pensamentos objetivamente quando estão errados, porque não os vemos como "apenas pensamentos" e os identificamos com "nós mesmos".

O distúrbio cognitivo é descrito aqui como um "distúrbio de cenário" - um distúrbio causado por um "cenário falso" de todos os relacionamentos humanos e de como o mundo funciona. O distúrbio de cenário é um conceito usado em algumas psicologias convencionais e acredita-se que ele comece por volta dos 7-11 anos de idade, que é aproximadamente a idade do ensino fundamental na Coreia (e pode continuar a ocorrer depois disso). Quais são as maiores mudanças que ocorrem nas crianças (e em nós mesmos) durante esse período?

A primeira é a "influência linguística". A partir desse período, as pessoas são governadas por roteiros ou "regras linguísticas" que prescrevem seu comportamento ou funções. Diferentemente de antes, quando as atividades linguísticas eram menos sofisticadas, as influências linguísticas são muito "concretas" e "operacionais", permitindo o raciocínio operacional de acordo com diferentes regras. Um bom exemplo é a capacidade de entender vários conceitos de matemática ou regras sociais.

Outra mudança é a capacidade de ver e desempenhar um papel no mundo a partir da perspectiva dos outros. A atenção consciente que antes estava concentrada em nós mesmos começa a ser direcionada para fora: começamos a ver outras pessoas e o mundo, e nos tornamos parte de um mundo que retorna a um cenário regular ou definido.

Ao encontrar e aceitar "cenários externos", você começa a criar seus próprios cenários sobre o mundo - sua própria compreensão do mundo. Cenários bem formados são muito úteis. Você pode reagir a situações com mais facilidade e se relacionar com as pessoas de forma mais eficaz quando já tem um bom cenário.

O problema é quando os cenários são criados ou usados incorretamente. Esses casos são chamados coletivamente de "falhas de cenário".

- Mitos negativos do exterior

Os cenários que aceitamos no ensino fundamental vêm de nossos pais e da sociedade, e nem todos eles são "a verdade". De certa forma, são apenas "mitos" que são apenas ou externos aos pais. Os cenários também são criados por eles. Assim como eu os inventaria.

Sem a capacidade de julgar e modificar, as crianças aceitam acriticamente todos esses cenários, e nós os aceitamos como "fato ou verdade absoluta", embora sejam apenas mitos ou cenários. À medida que envelhecemos e ganhamos experiência, podemos modificar, descartar ou evoluir os cenários que aceitamos, mas não é incomum que eles se tornem "meu cenário absoluto".

E quando o que acreditamos ser os "fatos corretos sobre o mundo" são os "cenários errados" de nossos pais, de certas pessoas ou da sociedade, mais doloroso é para nós, especialmente se as distorções e os erros forem graves.

O exemplo mais comum são as crianças que são criadas com muita influência negativa dos pais. Os cenários falsos dos pais continuam a alimentá-las com a autoimagem de serem feias, ruins, não boas o suficiente, preguiçosas, que nunca deveriam ter nascido, que nunca serão boas o suficiente etc. Seu comportamento sofre reações negativas constantes. Eles são alimentados com uma interpretação e uma visão distorcidas do mundo.

Às vezes, a criança obedecerá, às vezes se rebelará, mas em ambos os casos, os cenários entrarão na consciência da criança e serão efetivamente "aprendidos". Isso se deve ao fato de não haver julgamento mencionado anteriormente. Porque não há poder consciente para impedir isso. É hora de aceitar. Mesmo as crianças que não gostam das situações que seus pais lhes contam começam a acreditar nelas sem perceber. É uma situação dolorosa, pois mesmo que você conscientemente não goste e rejeite, você está inconscientemente tomado por elas e envolvido nelas. É um tipo de contradição.

Não são apenas os pais, mas também os professores, outros adultos e colegas que podem desempenhar um papel negativo. Geralmente, trata-se de um estímulo intenso ou de longo prazo, mas, às vezes, é apenas um cenário negativo que lhe é apresentado de passagem e que permanece com você pelo resto da vida. Isso já aconteceu com você?

Não apenas as pessoas, mas também as sociedades e as culturas desempenham um papel na instilação de cenários negativos e distorcidos. Pode ser um costume coletivo ou social, uma doutrina religiosa ou uma mentalidade específica daquela época e lugar. Isso inclui todos os tipos de preconceito, discriminação, ódio e costumes irracionais e irracionais que existem em uma sociedade. Por exemplo, a sociedade coreana tem seu próprio cenário de falácia coletiva. Isso inclui uma cultura obcecada pela idade, uma cultura militar generalizada, forte discriminação baseada em gênero, interferência excessiva na vida dos indivíduos e um senso de discriminação contra minorias sociais, como pessoas com deficiência e minorias sexuais. Esses problemas não são exclusivos da Coreia do Sul. Toda sociedade tem seu próprio conjunto de cenários imaturos e maduros, dependendo de seu nível de desenvolvimento.

- Mitos negativos que criamos para nós mesmos

Com base nesse cenário aceito sem críticas, agora criamos nosso próprio cenário de patologia. Isso inclui todas as autoimagens negativas ou errôneas, visões de mundo, valores e julgamentos situacionais que "possuímos" quando crianças e adultos. Começou como algo externo, mas em algum momento se tornou "meu".

Se meu cenário parecer errado, posso corrigi-lo ou deixá-lo de lado. Na prática, muitas vezes nos apegamos a eles em vez de abandoná-los. Há dois motivos para isso. Um deles é a crença de que "meu cenário deve estar certo porque eu o criei da melhor forma possível". O outro é uma identificação com "meu cenário sou eu", o que significa que negar o cenário é negar a mim, e cometemos o erro de defender o cenário errado para proteger "eu". Mesmo que, na verdade, isso o esteja prejudicando, não o protegendo.

Por exemplo, há uma pessoa que só vê a si mesma ou o mundo de forma negativa. Um amigo ou conhecido tenta ajudá-la porque ela está tendo dificuldades com isso. Eles tentam lhe dar um cenário mais desejável, como "você é uma ótima pessoa" ou "essa situação é boa dessa forma", mas ele se recusa a aceitar e nega.

É estranho pensar nisso como senso comum, mas faz sentido quando você entende como funciona: é um cenário negativo que o está incomodando, mas você se identifica com ele porque já se tornou "seu cenário" e você o mantém porque é "certo". Na verdade, não está certo, é apenas familiar, mas você acha que está certo por causa da falácia da "familiaridade faz com que esteja certo".

Precisamos de cenários, bons ou ruins, porque, de alguma forma, temos de viver no mundo com base em nossos cenários. Portanto, a menos que mude para um cenário diferente, você ficará preso ao que tem, não porque ele seja preciso ou bom, mas porque você precisa de um cenário de qualquer maneira, e é assim que você vê a si mesmo e o mundo.

Mas, em essência, podemos existir muito bem com ou sem um cenário específico; os cenários são uma ferramenta, mas não determinam nossa existência.

- O cenário não é "eu

Não é que as falhas de cenário da patologia sejam inerentemente diferentes das falhas de cenário da vida cotidiana. A diferença está no "grau": se a variação, o erro ou a ilusão for mais grave do que um determinado ponto, torna-se um distúrbio patológico; caso contrário, é apenas um distúrbio cotidiano menor. Mesmo que não seja uma patologia, muitas vezes temos dificuldades. Pequenos erros em nosso comportamento, pequenos conflitos em nossos casamentos, famílias, colegas e vida social. De qualquer forma, não existe um cenário perfeito. Viver com o conhecimento e a aceitação de que somos falíveis é a chave para uma vida mais flexível e enriquecedora.

No entanto, se o erro for muito grande, você precisa resolvê-lo porque está causando dor. Ao se ater ao seu falso cenário, você pode obter segurança e satisfação psicológica imediata, mas, no final, você sofre e perde. Os relacionamentos e as situações se tornam difíceis e ineficazes. Portanto, para o seu próprio bem, para o seu próprio benefício e para o de mais ninguém, você precisa resolver da melhor forma possível os problemas que surgem do seu cenário falso. Que pensamentos e métodos o ajudarão? A organização dos pontos anteriores o ajudará.

Primeiro, um cenário é um cenário. Não é "absolutamente verdadeiro", mas também não é "ficção". Não importa se é fato ou ficção. São apenas cenários. Os cenários são ferramentas que criamos e usamos para tornar nossa vida mais útil e eficiente. Nosso trabalho não é criar cenários ou não, mas criá-los bem e usá-los bem. Não sou eu quem vive de acordo com o cenário. Sou eu quem cria e conserta cenários.

Em segundo lugar, não me identifico com o cenário. Meu cenário do mundo é minha "interpretação" exclusiva de como me relaciono com os outros e de como o mundo funciona. O fato de eu tê-lo criado e tê-lo, não o torna "eu". Não somos seres insignificantes limitados ou definidos por nossos cenários; somos seres que os abraçam e estão além deles. Tentar me equiparar a um cenário é como tentar equiparar o mundo inteiro a um livro. É ineficiente e tolo. Reconheça os cenários pelo que eles são, mas não se identifique com eles. Não os considere como "tudo" e não os considere como "nunca".

Terceiro, distinguir entre cenários de mitos externos injetados. Cenários próprios são dignos de consideração. Tento não absolutizá-los, muito menos cenários impostos externamente. Não se trata da "mitologia deles". Por que eu deveria ser influenciado e aprisionado pela mitologia de outras pessoas? Não preciso ser. Deixe-os viver em seus mitos, isso é problema deles. E quanto a mim, não preciso entrar nos mitos e cenários desnecessários de outras pessoas e do mundo. É claro que, em nossas vidas e relacionamentos sociais, há momentos em que não podemos deixar de responder ou nos relacionar com os cenários ridículos de outras pessoas e da sociedade. Mesmo que você concorde com eles até certo ponto, não precisa reconhecê-los ou aceitá-los totalmente em seu coração.

Quarto, continue a descartar o que precisa ser descartado e a revisar o que precisa ser revisado, não apenas os cenários de outras pessoas, mas seus próprios cenários míticos. Para seu próprio bem. Foi assim que o primeiro cenário foi criado em primeiro lugar. O fato de ter sido criado primeiro não o torna mais absoluto, mais preciso ou mais importante, apenas significa que foi criado "primeiro, logo no início". Será que consideramos automaticamente alguém mais valioso, mais importante ou mais importante do que outra pessoa só porque a conhecemos primeiro? Não, isso é ridículo. O mesmo se aplica aos cenários.

Há muitas outras maneiras de resolver o cenário da patologia. Cada um de nós pode encontrar soluções diferentes e melhores com base em nossa própria sabedoria. Portanto, vamos usá-las também. O que não pode ser feito? Não há nada que não possa ser feito. Portanto, vamos usar e continuar a criar cenários de vida mais flexíveis e maduros. O importante é minha própria felicidade. E quanto mais exatos, precisos e maduros forem os cenários que eu criar e usar, mais felizes serão os outros e o mundo.

◆◆◆

Resumo

Quando crianças, somos influenciados por cenários negativos que recebemos de nossos pais e da sociedade. Esses cenários moldam nossa autoimagem e visão de mundo, mas não são necessariamente a verdade. Eles são apenas ferramentas, não definem quem somos. Para ter uma vida saudável, precisamos reconhecer esses cenários, não nos identificarmos com eles e modificá-los ou descartá-los conforme necessário. Como criadores e proprietários de nossos cenários, podemos criar cenários de vida mais flexíveis e maduros.

3.3 Por que precisamos do reconhecimento dos outros e do mundo?

: Afastando-se das avaliações externas

Nós, seres humanos, estamos sempre nos sentindo inadequados, mas também estamos sempre nos sentindo orgulhosos e autossatisfeitos. O sentimento de inadequação muitas vezes se sobrepõe ou anula o sentimento de satisfação, mas há também uma parte de nós que diz: "Pelo menos dei o meu melhor, fiz o que pude, estou fazendo algo certo e quero ser reconhecido por isso! Não se trata de um sentimento errado ou fraco, mas de um sentimento muito natural e saudável. É a base do orgulho e da autoestima saudável, desde que não se transforme em orgulho, coerção ou ganância.

É bom poder dizer a si mesmo: "Estou bem, estou ótimo", mas muitas pessoas não se satisfazem com isso e querem ser validadas pelos outros. É natural e saudável querer ser validado. Também é natural e saudável porque não somos completamente separados.

Há uma estrutura oculta aqui também. A razão fundamental pela qual queremos ser aceitos pelos outros é para que possamos aceitar a nós mesmos. Isso se torna um veículo para a autoaprovação.

É compreensível. Mas é muito ineficiente. Precisamos da aprovação dos outros para ficarmos satisfeitos e nos aceitarmos. Como nem sempre podemos obter a aprovação dos outros, estamos pegando um atalho. O resultado do autorreconhecimento por meio do reconhecimento externo é o mesmo que o resultado do autorreconhecimento imediato. Acima de tudo, quem são esses "outros e o mundo" dos quais você é tão absolutamente dependente e pelos quais deseja ser reconhecido? Eles são deuses ou absolutos? Não, eles são exatamente como você e eu.

Vamos dar aos outros e ao mundo apenas o papel que eles merecem. Com amor e respeito mútuos, é claro. Isso é suficiente. Não há necessidade de dar-lhes poder demais. Nosso foco está no propósito original: o autorreconhecimento.

Em algum momento, é preciso superar esse hábito mental de ser aceito pelo mundo exterior e pelos outros. Devemos ir direto ao propósito original da autoconsciência. Entretanto, deve ser um auto-reconhecimento incondicional, não um auto-reconhecimento condicional.

Quando o mundo exterior e os outros o reconhecerem primeiro, esteja disposto a aceitar e aproveitar isso. E quando precisar do reconhecimento deles, você sempre poderá criar uma situação em que o obtenha. Você é livre para fazer isso. E se houver condições de que os outros ou eu precisemos, posso criar, cumprir e incorporá-las.

Acima de tudo, mesmo que eu não tenha essas condições, posso simplesmente ser eu mesma, sempre fazendo o melhor que posso, estando satisfeita, confiante e vivendo naturalmente. Com esse aumento de energia e coração, posso viver com mais confiança e beleza em minha vida diária.

◆◆◆

Resumo

Muitas vezes buscamos a autoaprovação por meio da aprovação dos outros. No entanto, esse é um método ineficiente e que nos desvia do caminho. Em vez disso, é importante que você mesmo pratique a autoaprovação incondicional. Aceite a aprovação dos outros, mas não dependa totalmente dela. Podemos nos aceitar e viver com confiança, independentemente das condições externas. Essa autoaceitação leva a uma vida mais rica e confiante.

3.4 O que realmente tememos não é a 'decisão', mas a 'experiência'

: Cultivar a coragem de tomar decisões decisivas

Um número surpreendente de pessoas se preocupa com a pergunta: "Será que tenho um transtorno de indecisão? O problema é que a palavra "transtorno" é usada com muita facilidade e sem cautela, e não se trata realmente de um transtorno, mas apenas de uma dificuldade em tomar decisões.

Todo mundo tem dificuldade para tomar decisões. É apenas uma questão de grau. Se entendermos as causas subjacentes, talvez possamos nos modificar para ficarmos mais relaxados e flexíveis no momento da decisão.

- Existe uma resposta certa, uma escolha certa?

O maior motivo de hesitação no momento da decisão ou escolha é a crença de que existe uma melhor opção, uma melhor decisão. Algumas coisas têm uma resposta definida, uma melhor resposta. Se houver uma melhor opção, você deve procurá-la e explorá-la. As decisões de negócios e as escolhas importantes não devem ser tomadas ao acaso. Elas devem ser feitas com a melhor análise, consideração, recursos e percepção que você puder reunir. Isso é especialmente verdadeiro quando há muita responsabilidade e trabalho envolvidos. Agonizar com essas decisões não é indecisão, é prudência natural.

Na maioria das vezes, não são as grandes decisões que nos fazem pensar: "Por que não consigo tomar uma decisão?", mas as escolhas cotidianas. Portanto, a primeira coisa que precisamos abordar são as situações de decisão cotidianas. Depois de praticar a "tomada de decisão" nessa área, você poderá aplicá-la a decisões realmente importantes mais tarde.

Seja em uma situação séria ou corriqueira, você acabará tendo que escolher entre algumas opções e, às vezes, o momento da decisão é mais importante do que a própria decisão. Mas e se você hesitar e perder o momento da verdade? Ser treinado para tomar decisões no momento certo é mais importante do que você imagina. Esse também é o objetivo principal deste artigo.

Primeiro, precisamos dissipar a ilusão de que existe uma resposta, uma escolha certa ou a melhor decisão. Isso não quer dizer que não devemos procurá-las, mas sim que não devemos permitir que a crença desnecessária e excessiva nelas atrapalhe nossas escolhas e decisões. Há três novas mentalidades que precisamos adotar ao buscarmos as melhores opções

1. minha escolha é a resposta
2. estou inventando a resposta.
3. não há uma resposta única.

A primeira, a estrutura "minha escolha é a resposta", é uma das soluções mais poderosas. Não há como interpretar isso de forma a significar que você pode tomar qualquer decisão. O que isso significa é que você deve se esforçar para tomar a melhor decisão possível, mas quando tiver que tomar uma decisão em algum momento, não hesite nem vacile, e vá com a mentalidade de que sua escolha é a resposta. E, de fato, ela é.

Em todo momento de decisão, há um pensamento subconsciente em nossa mente que diz: "E se minha escolha não for a melhor, a mais alta, a melhor..."? Por isso, ficamos ansiosos e hesitamos. Mas ninguém sabe se A, B ou C é a melhor escolha até ver o processo e o resultado reais. Muitas pessoas ficam ansiosas se escolherem A, pensando: "E se for B ou C?" e preocupadas se escolherem B, pensando: "E se for A ou C?

Tecnicamente, o peso da ansiedade é o mesmo, não importa o que você escolha. "E se a minha escolha não for a resposta?", você se pergunta. Portanto, se o valor for o mesmo, é mais eficaz e útil pensar apenas: 'Minha escolha é a resposta'. Isso é útil no momento da escolha e é poderoso no processo posterior. Portanto, não há razão para não abandonar a estrutura de hesitação e escolher a estrutura de decisão.

O mesmo vale para a segunda, "Eu sou a resposta". Quando você não está mais em posição de fazer uma escolha, ou quando está indeciso, você está tecnicamente "criando a resposta". Entretanto, enquanto continuar acreditando vagamente que existe uma "resposta inerente" e que, portanto, "devo escolhê-la bem", você não poderá ser firme em sua decisão. A menos que se trate de um caso realmente especial, isso não existe. Eu simplesmente faço a resposta. Isso é verdade.

Você pode estar pensando: "Como alguém como eu pode dar uma resposta? Isso não é para pessoas especiais, para pessoas perfeitas?" Não, essa pessoa não existe. Não, eu sou essa pessoa. Não há mais ninguém qualificado ou habilitado para criar respostas, em primeiro lugar. Adote intencionalmente a mentalidade de que você é a pessoa que pode criar a resposta. Mesmo que seja estranho no início, continue reforçando e fortalecendo isso repetidamente e, em algum momento, você realmente se tornará essa pessoa e fará isso. É claro que você terá de continuar a desenvolver suas credenciais, qualificações e habilidades.

Em terceiro lugar, é importante lembrar que não existe uma única resposta. Há várias respostas. Eu escolho uma por necessidade. Portanto, o que você escolhe se torna a resposta, e você cria a resposta. Novamente, não pare de tentar tomar a melhor e mais adequada decisão para a situação. Mas, enquanto isso, quando você realmente tiver que tomar uma decisão, seja ousado. A mentalidade de "não há necessariamente uma resposta certa" é uma estrutura que nos permite ser mais relaxados e flexíveis quando necessário. É uma maneira proativa de usá-la.

Como mencionei anteriormente, um dos principais fatores psicológicos que nos levam a hesitar é o sentimento de arrependimento. "Eu gostaria de ter escolhido isso em vez disso". Mas isso é uma ilusão. Você está perseguindo um sonho que nunca será realizado. Uma vez que você tenha decidido por uma das opções, a outra é como se não existisse mais. Continuar a desejar algo que não existe é uma ilusão e só drenará sua energia. Isso não quer dizer que você não deva considerar ou ignorar outras opções. Estou dizendo que você não deve considerá-las ou ignorá-las.

Toda decisão tem seus próprios prós, contras e consequências. É claro que queremos tomar decisões que tenham o mínimo possível de desvantagens e o máximo possível de vantagens, portanto, quando se trata de negócios ou assuntos importantes, devemos fazer o possível para tomar a decisão certa. No entanto, seja uma decisão cotidiana ou importante, é inevitável que haja uma troca: se você escolher isso, faltará aquilo; se escolher aquilo, faltará isso.

Em vez disso, pense nisso ao contrário. Trata-se de olhar intencionalmente para isso da perspectiva de "se eu escolher isso, serei rico nisso, e se eu escolher aquilo, serei rico naquilo". Não estou sugerindo que você ignore ou finja que não tem uma falta ou deficiência. Se houver coisas que você queira acrescentar ou mudar depois de ter tomado uma decisão, você sempre poderá fazer isso. Estou falando da mentalidade que você traz para a mesa. Se não puder voltar atrás em sua decisão, é obviamente mais sensato encontrar e aproveitar o melhor do que você já escolheu. Em termos psicológicos.

- Qualquer que seja sua decisão, as próximas etapas são as mesmas

Fazer escolhas e tomar decisões não é necessariamente o fim da história.

Pelo contrário, a decisão é apenas o começo. Depois de tomar uma decisão, você passa por um processo. E agora vamos ser honestos. Não temos medo de tomar decisões ou do "transtorno da indecisão". O que realmente nos assusta é o processo.

Continuamos sonhando com um processo melhor, mais fácil e mais confortável após uma boa decisão, mas o "depois" é o mesmo, não importa o que aconteça. Não quero dizer que todo o conteúdo e o fluxo sejam os mesmos, mas a experiência e o fluxo geral da experiência são os mesmos. Não é tão intrinsecamente diferente que você possa hesitar, procrastinar ou não tomar uma decisão. É uma diferença que pode ser ignorada se você quiser. Portanto, é melhor pensar nisso como "o processo após a decisão é o mesmo para todos".

A maneira mais poderosa de fazer isso é estar disposto a vivenciá-lo.

Em outras palavras, não importa se você escolhe A, B ou C, estamos dispostos a experimentar todos eles. Não estou dizendo que é fácil, é claro. Mas não é impossível. Não há outras opções. Qual é o sentido de dizer "não quero experimentar isso" depois de tomar uma decisão? O mesmo vale para hesitar em experimentar algo. Atrasar ou hesitar em fazer escolhas e tomar decisões não nos beneficia particularmente e, na verdade, pode nos fazer sofrer ou perder coisas que não precisamos. Então, por que evitar "tomar a decisão que você precisa tomar no momento"?

Aqui estão algumas boas mentalidades que você deve ter ao passar pelo processo pós-decisão. A ansiedade e o medo, em primeiro lugar, geralmente são causados pela falta dessas mentalidades.

Em primeiro lugar, não me arrependo de minha decisão. Reflexão e análise adequadas são boas, é claro. Mas arrependimento não é. Enquanto a reflexão e a análise geram mudanças desejáveis no processo pós-decisão, o arrependimento apenas cria emoções negativas e consome energia sem nenhuma mudança produtiva.

Em segundo lugar, mesmo depois de tomar uma decisão, fico de olho no processo e no resultado. Isso não acontece porque estou ansioso ou inseguro. Trata-se de aperfeiçoar sua decisão mantendo um olho no processo. Isso lhe dá força para decisões futuras.

Terceiro, quando preciso fazer uma mudança ou troca, faço isso da melhor forma possível. Não porque me arrependa ou ignore minhas decisões. Não importa o quanto você esteja confiante em sua decisão, o processo que se segue está sempre em movimento e não pode ser finalizado. É impossível. Portanto, não hesite em fazer as modificações e transições apropriadas após o fato.

Quarto, mesmo assim, não se esqueça. Se algo realmente extraordinário acontecer que o force a reverter ou interromper sua decisão, então "mantenha-se firme". Isso não significa ser irracionalmente teimoso e irracional. Trata-se de decidir. Se você mudar de ideia, desistir ou parar com muita facilidade, pode inadvertidamente minar a confiança em suas decisões e a confiança em si mesmo. Você também pode minar a confiança dos outros em você. É preciso coragem para mudar quando você realmente precisa mudar, mas também é preciso coragem para não mudar quando você não precisa.

É uma disciplina consciente, uma mentalidade que permite que você seja o mais deliberado possível ao tomar decisões, que continue dando o melhor de si durante o processo e que esteja disposto a experimentar qualquer resultado.

Também se trata de coragem. Em outras palavras, "disposição para experimentar" é outra forma de dizer "coragem para encarar as experiências da vida de frente". A questão é que, quer tenhamos coragem ou não, os momentos de decisão continuarão a passar por nós, e é de nosso interesse tomar a decisão certa no momento.

Para ter a coragem de tomar uma decisão e estar disposto a vivenciá-la, é preciso ter confiança em si mesmo e no fluxo geral dos acontecimentos. Não é incomum hesitar em tomar uma decisão por não confiar em si mesmo, portanto, pergunte-se: "Até que ponto me preparei para essa decisão de forma sincera e racional?" e "Estou comprometido com ela depois de tomá-la?

Se você puder responder sim a essa pergunta, não hesite em confiar em si mesmo. Seja intencional com relação a isso. E confie no fluxo da situação. Confiar nas circunstâncias é um pouco diferente de confiar em si mesmo. Não estou dizendo para confiar na sorte ou no destino ou algo assim. Estou falando de confiar que, se eu estiver fazendo o melhor que posso, toda a situação, que eu não conheço, vai se resolver de propósito. Isso me faz sentir muito mais tranquilo.

Você provavelmente está preocupado e ansioso, perguntando-se se realmente se preparou bem e se essa decisão fará com que tudo dê certo. O que você precisa exercitar aqui é a cortesia de "perceber e superar ilusões". A ilusão de que algo será a melhor escolha. Confie em si mesmo e confie na situação se souber que continuará a dar o melhor de si antes e depois da decisão. Com essa confiança, continue fazendo o seu melhor.

◆◆◆

Resumo

A dificuldade com a tomada de decisões decorre da ilusão de fazer a "melhor escolha". Na realidade, as escolhas que fazemos são a resposta, e nós criamos a resposta. Tendemos a temer a experiência que se segue e não a decisão em si. Mas não importa a escolha que você faça, o processo posterior é semelhante. O importante é que você esteja disposto a vivenciar o processo, não se arrepender, fazer os ajustes necessários e manter o curso. Confiar em si mesmo e na situação e ter a coragem de tomar uma decisão é fundamental.

3.5 Nós não precisamos estar 'definitivamente certos' com tanta pressa

: Superando a impaciência de estar certo: como superar isso

Há muito tempo, li uma história sobre um professor de intercâmbio coreano em uma coluna de jornal. A história era mais ou menos assim

Quando ele foi para os Estados Unidos como professor de intercâmbio, teve uma aula. Era uma turma de estudantes universitários. A turma deveria se revezar na apresentação e discussão de suas ideias e soluções para um problema social que lhes havia sido apresentado na semana anterior. O professor esperava que os alunos tivessem facilidade para apresentar e discutir suas ideias e soluções para os problemas sociais que lhes haviam sido apresentados na semana anterior.

Foi decepcionante ver que as apresentações eram tão enfadonhas que pensei: 'Será que esses alunos são universitários? Os alunos coreanos teriam encontrado e organizado vários materiais com antecedência e os apresentado de forma organizada, mas os alunos americanos não o fizeram. Ao vê-los apresentar e discutir um assunto após o outro por mais da metade da aula, o professor ficou entediado e pensou: "Por que eles simplesmente não nos dizem a resposta?

Perto do final da aula, algo incrível começou a acontecer. Coisas que pareciam que nunca poderiam ser organizadas começaram a se encaixar. O resultado final foi uma ótima conclusão. Foi uma conclusão que teria sido difícil de chegar se eu tivesse consultado o material existente. Agora que penso nisso, os alunos não estavam fazendo nada durante a apresentação "não convencional". Eles estavam compartilhando seus pensamentos, desenvolvendo os pensamentos uns dos outros, reconstruindo seus próprios pensamentos, apresentando-os novamente e, em seguida, desenvolvendoos novamente para chegar ao ponto.

É comum que os alunos coreanos encontrem e apresentem conteúdo e respostas existentes de fontes externas. O conteúdo é bom, mas não é criado por eles mesmos. Se o tópico mudar repentinamente, eles não conseguirão produzir os mesmos resultados por conta própria. Os alunos americanos, por outro lado, embora comecem sem saber realmente do que estão falando, são capazes de falar o que pensam da melhor maneira possível e absorver o que os outros estão dizendo e usá-lo como se fosse deles. Mesmo as coisas que eles não sabem ou que não concordam com eles.

Em outras palavras, ele era capaz de usar não apenas sua própria mente, mas também a mente dos outros para pensar e obter respostas. Ele sabia, tanto em seu coração quanto em sua cabeça, que era do interesse dele próprio e dos outros tirar as conclusões corretas de maneira eficiente, sem se apressar em afirmar que estava certo ou que sabia do que estava falando.

Por que nos apressamos tanto em encontrar a "única resposta certa" e nos tornarmos a "pessoa certa"?

A resposta certa nem sempre é fixa. Ela muda constantemente de acordo com a situação. Nesse sentido, a resposta certa não é algo fixo, mas está sempre em movimento e é "o que é mais apropriado e melhor para o momento". O processo de encontrar o que é mais adequado e melhor para o momento é o processo de encontrar a resposta certa.

Há dois tipos principais de situações em que você precisa encontrar a resposta correta. Uma delas é quando você precisa encontrar a resposta correta em um determinado período de tempo. Nesse caso, é claro, você precisa encontrar a melhor resposta sob as condições dadas. A velocidade e o tempo são importantes. A outra é encontrar a melhor resposta sem muita restrição de tempo. Isso é mais comum na vida cotidiana. É claro que isso não significa que não haja limite, mas o que importa é o "conteúdo" da resposta, não a "velocidade".

O problema é que, obviamente, mesmo no segundo caso, somos muito impacientes ou compulsivos para dizer a "resposta certa no final". Mas, na realidade, queremos afirmar nossa "correção" da forma mais rápida e intensa possível, em vez de "obter a resposta certa". Queremos constantemente ser a "resposta rápida".

É uma mistura de três desejos. Você quer falar "rápido", quer estar "certo" e, por fim, quer enfatizar o "eu". O público mudou. O objetivo original desapareceu e a coisa errada se tornou o objetivo. Esse problema não se limita aos tomadores de decisão com autoridade ou a algumas pessoas específicas. A atitude de "Eu estou bem, você é o problema, corrija sua atitude" é comum a todos nós nesta sociedade.

O desenvolvimento das mídias sociais tornou o momento mais propício para observar esse fenômeno. Pense em algumas das questões sociais que foram discutidas on-line recentemente. Algumas serão culturais, algumas serão relacionadas a celebridades, algumas serão políticas, algumas serão econômicas, algumas serão religiosas, algumas serão históricas e algumas serão éticas.

Vamos parar um momento para refletir sobre quantas vezes nós, ou nossa sociedade, nos apressamos em encontrar uma "resposta final e correta" para essas questões. O mesmo vale para questões pessoais que só dizem respeito a você e seus amigos. É o mesmo fenômeno, apenas em uma escala diferente. Todos os mal-entendidos e suposições, os rumores e preconceitos que são criados, a desconfiança mútua e a mágoa que se segue - nas mídias sociais, no trabalho, na escola, nas comunidades, em casa. ....

Como na experiência do professor de intercâmbio no início deste artigo, o que precisamos é ouvir o maior número possível de lados, entender a situação, reunir dados e informações e, com base neles, tirar as "conclusões, respostas, julgamentos e escolhas" mais adequadas. É do meu interesse fazer isso. Não é difícil ver como uma resposta baseada em um mínimo de informações e perspectivas em comparação com uma resposta baseada em um máximo de informações e perspectivas é mais eficiente e apropriada.

O que geralmente fazemos: damos uma resposta rápida com base no que sabemos "agora". Ainda não sabemos nada e damos uma "resposta final" com base em nossos primeiros sentimentos ou suposições iniciais. Sinto que estou fazendo algo errado, que há um problema, se não consigo decidir quem está certo e quem está errado, o que é certo e o que é errado, imediatamente. Se tento obter mais informações e ouvir outras opiniões, sinto que estou falhando de alguma forma. Sinto-me da mesma forma com relação às outras pessoas. Sinto que não sou bom o suficiente, que não sei o suficiente, que não consigo tomar uma decisão com rapidez suficiente, que não consigo encontrar a resposta certa. Isso se deve à lavagem cerebral social a que fui submetido. Isso se deve à cultura distorcida. Não é porque é a maneira certa ou a melhor, é apenas a que seu corpo e sua mente estão acostumados. Mas tenha cuidado. A familiaridade não faz com que seja certo.

Pior ainda, vejo apenas os argumentos e dados que se encaixam na cor de minhas suposições do que "deveria ser". Outros argumentos e contra-argumentos são ignorados intencionalmente ou não. O que você não vê é o que você não entende. Você não reconhece e não aceita o conteúdo e os materiais como eles são. Como resultado, suas respostas não mudam. O "acerto" de minha resposta não é alterado pelas novas informações. Eu já decidi qual será a "resposta final". O processo subsequente de coleta de informações é uma espécie de frenesi alimentar.

Não é isso. Não é que você não tenha uma resposta final rápida o suficiente, ou que não saiba o suficiente, ou que não saiba o suficiente. Todos precisam ter informações suficientes e tempo para pensar sobre o assunto a fim de dar uma resposta boa e adequada. Ninguém pode chegar à resposta certa sem isso. E, exceto em casos especiais em que é necessária uma decisão rápida, o tempo e o esforço necessários nunca são em vão. O tempo e o esforço que você dedica a isso lhe trarão um resultado benéfico e útil.

- Como encontrar a resposta certa que seja de seu interesse

Nas décadas do pós-guerra, nossa sociedade precisava de respostas rápidas e de quem respondesse rápido. Era uma habilidade. Encontrar, argumentar e executar a resposta mais adequada e eficaz em um determinado período de tempo era uma habilidade.

A influência de uma cultura confucionista distorcida e de uma cultura militar deformada não era insignificante. O mesmo ocorreu com a cultura patriarcal tendenciosa. Nesses casos, não é uma questão de velocidade, mas sim de uma cultura que não leva em conta a diversidade e a consideração, e uma "autoridade do tomador de decisões" excessivamente reverenciada: decisões, escolhas e respostas são imediatamente obedecidas e implementadas de maneira uniforme porque são socialmente aceitáveis, e não porque são as mais adequadas e eficazes. Mesmo quando o tomador de decisões não é competente.

Nessa cultura, o processo de determinar a resposta certa era altamente assertivo e orientado. Eu ou meu grupo tínhamos de encontrar a resposta e reivindicá-la o mais rápido possível. Eu não ouvia nem considerava o que as outras pessoas tinham a dizer, que outros materiais, que outras respostas elas tinham a oferecer. Eu não tinha tempo, não tinha o espaço, não tinha a consciência, não tinha a cultura e, portanto, não tinha a disciplina para estar disposto a ouvir outros materiais, outras respostas, para digeri-las e torná-las minhas, para tornar minha resposta, ou nossa resposta, mais completa. Todos nós fizemos isso.

Era muito mais simples do que é agora, e não havia tantos concorrentes. Era culturalmente aceitável. Acima de tudo, era familiar. Decisões rápidas e ações unificadas eram eficientes.

Mas o mundo mudou.

Todos os setores de nossa sociedade se tornaram mais complexos do que nunca, e temos mais concorrentes na arena internacional. Alguns países nos ultrapassaram, e as "velhas maneiras" não funcionam mais.

Esses não são os únicos motivos pelos quais precisamos nos afastar da cultura confucionista distorcida, da cultura militar e do patriarcado. Essas culturas acabam fazendo com que eu, você e todos nós soframos. Em resumo, é uma cultura de imaturidade. Se pudéssemos, deveríamos ter criado uma cultura de "resposta certa" mais madura e eficiente desde o início, desde o começo. Não porque os tempos mudaram, mas porque deveriam ter mudado.

Por enquanto, não se preocupe com o "direito final". Não se precipite em uma resposta "final correta".

Para fazer isso, preciso observar meus métodos e processos existentes para determinar as respostas "certas" e "erradas". Preciso procurar meus erros. O erro é que você quer decidir a resposta certa muito rapidamente e quer acreditar firmemente e afirmar que "eu já sei a resposta", ou seja, "eu já estou certo". Você quer se convencer de que já sabe a resposta certa. Caso contrário, você se sentirá inseguro.

Tudo isso se resume à falácia de tentar afirmar "eu". Não é que afirmar-se seja ruim. É que precisamos da resposta mais eficiente e precisa possível, e é nisso que devemos nos concentrar. Além disso, a falácia de presumir que o familiar está certo é algo a ser observado.

Nosso objetivo é "a melhor opinião, pensamento e resposta", não "eu e meus argumentos estamos incondicionalmente certos". Não vamos confundir as duas coisas. Vamos nos conscientizar de nosso padrão de equiparar meus pensamentos, minhas opiniões e minhas respostas a "mim", equipará-los ao meu ego e defendê-los. Reconheçamos nossa necessidade inconsciente de proteger "eu" dessa forma.

Quando você precisa resolver um problema real, esse desejo não ajuda em nada. Na maioria das vezes, eles são prejudiciais. No final, causam danos e sofrimento tanto para nós quanto para os outros. O que realmente precisamos fazer não é decidir ou competir rapidamente sobre quem está certo ou errado, certo ou errado, ou mostrar rapidamente que estamos certos. Trata-se de cocriar opiniões, pensamentos e respostas eficazes e precisas que funcionem para todos nós, inclusive para mim e para você.

Não sejamos tão apressados em tentar estar "certos" e em afirmar a "correção final". Vamos falar e nos comunicar livremente uns com os outros, compartilhando o que podemos pensar e afirmar no momento. Se continuarem conversando, ouvindo uns aos outros e revisando suas próprias ideias, vocês encontrarão gradualmente um centro de gravidade. Quando o processo estiver concluído, o centro será compartilhado novamente. Então, um novo centro mais completo é criado. Esse processo continua subindo, repetidamente.

Ao mesmo tempo, faça o possível para defender o que você acha que está no meio do caminho, para que você e seu oponente possam se beneficiar. Você não precisa pensar no meio do caminho nem hesitar em se manifestar. Se achar que está certo naquele momento, naquele estágio, diga-o claramente. "Aqui estão meus melhores pensamentos e respostas neste momento", e esse é o centro de gravidade mais apropriado naquele momento. Se algo é urgente, se algo precisa ser priorizado, então você pode encaixá-lo nesse contexto. Crie e use o que for melhor para cada situação, não necessariamente a "resposta final correta, final", mas a "pequena resposta final e correta naquela situação, naquele estágio". Faça o que for necessário.

Nesse meio tempo, sempre reconheça que não é definitivo. Não se apresse em torná-lo o ponto principal e final, para que você possa continuar a encontrar respostas melhores, escolhas mais apropriadas e conclusões melhores. Siga o fluxo, confie e acredite um no outro, e você se beneficiará e a todos os outros.

◆◆◆

Resumo

Não se apresse em encontrar a "resposta final". Em vez disso, trata-se de um processo de ouvir diferentes perspectivas, coletar informações e entender a situação. Esteja aberto a novas informações e não se apegue ao seu julgamento inicial. Concentre-se em encontrar uma solução em que todos saiam ganhando, em vez de afirmar rapidamente que você está certo. Compartilhe seu melhor pensamento em cada estágio, mas reconheça que essa não é a resposta final e continue buscando conclusões melhores.

3.6 Não existem personalidades ruins, apenas donos inexperientes

: Dominando sua personalidade sem ser dominado por ela: como dominar sua personalidade

Muitas pessoas sofrem de problemas de personalidade. Se você é tímido, você é tímido, se você é ousado, você é ousado, se você é negativo, você é negativo, se você é positivo, você é positivo. É claro que a personalidade tem suas próprias vantagens e desvantagens, portanto, nem sempre é um problema. Entretanto, tendemos a nos preocupar mais com as desvantagens. Se você deixar que essa preocupação fique presa, ela pode drenar sua energia.

Embora algumas pessoas consigam viver com sua personalidade natural sem pensar muito, há uma armadilha na qual todas as pessoas caem. Em algum momento, elas ficam presas à sua personalidade e se sentem limitadas por ela.

Quando se trata de personalidade, há apenas uma solução. Você pode viver sua vida como uma vítima de sua personalidade ou pode viver como o mestre de sua personalidade, conquistando-a e usando-a a seu favor.

- Possuir e conquistar sua personalidade em vez de ser possuído por ela

Há muito debate sobre se nascemos com personalidade ou se ela é moldada por nosso ambiente e educação. As pesquisas neurocientíficas mais recentes sugerem uma divisão de aproximadamente 50/50. É uma divisão de 50/50 entre influências inatas, de criação e ambientais. Na realidade, temos uma ideia aproximada de qual é a nossa personalidade e tendências inatas, e algumas delas mudam ao longo de nossas vidas, mas outras permanecem as mesmas, como a cor da nossa pele.

De certa forma, a personalidade é como ter cabelos, cor de pele, habilidades motoras, capacidade de cantar, desenhar etc. diferentes. Não é boa ou ruim, superior ou inferior, é apenas diferente. Se todos no mundo tivessem o mesmo tipo de personalidade, ou se todos fossem introvertidos, o mundo estaria condenado. Portanto, cada personalidade tem sua própria razão de ser. Ela serve para tornar o todo equilibrado e harmônico.

Independentemente de nascermos com uma personalidade forte ou com uma personalidade forte formada, inevitavelmente teremos uma personalidade própria em maior ou menor grau. Portanto, não deveríamos apenas sofrer com nossa personalidade formada, mas sim possuí-la e conquistá-la. O problema é que isso não é fácil.

Há dois insights que nos ajudam a fazer isso Eles são uma repetição dos anteriores. Vamos fazer isso do nosso jeito.

Primeiro, a personalidade não sou eu. Ela é uma ferramenta da vida que eu uso.

Você é a soma de uma infinidade de elementos, e você é todos eles e mais do que todos eles, porque você é todos eles. Suas experiências passadas, memórias, educação, criação, aparência física, especificações, habilidades, conhecidos, pais, religião, inteligência, autoimagem, opiniões sobre os outros e sobre si mesmo, nome e personalidade. Todas essas coisas juntas não fazem de mim uma pessoa. Não me atrevo a ser limitado e definido por nenhum deles, nem pela soma de todos eles. E mesmo que alguns dos elementos desaparecessem, mesmo que todos eles desaparecessem, eu ainda existiria como sou, com confiança e sem remorso. Tente apagar todos eles agora. Imagine que nada mais resta de mim, apenas essa consciência totalmente consciente. Como está? Está tudo bem. Tudo está bem.

Você pode se perguntar: "Se meu passado, minha carreira, minhas memórias, minhas especificações, meus pais, meu conhecimento etc. desaparecessem, eu não seria nada, não estaria em apuros?" Essa preocupação é imaginária e ilusória porque você acredita que essas coisas o controlam e determinam seu valor. É claro que se suas memórias, posses, passado, etc. desaparecerem, você nunca mais será exatamente o mesmo. Mas estamos falando do "você" que existe independentemente de quaisquer condições internas ou externas. Essa é a sensação de estar presente e de se manter firme. Isso é algo que ninguém e nada além de mim mesmo pode controlar. A menos que eu mesmo o destrua ou enfraqueça.

No mundo real, o mundo está constantemente tentando me determinar com suas "condições", atribuindo valor, atribuindo ou removendo significado. Até eu faço isso comigo mesmo. Posso achar que os outros estão me julgando, mas sou eu quem decide se aceito ou não o julgamento deles, nunca eles. Sou eu quem, em última análise, me permite tomar essa decisão. Mas muitas pessoas não percebem isso e acreditam que os outros, o mundo, as definem. Esse não é o caso.

Como todos os outros fatores ou condições, a "personalidade" não me determina, muito menos faz de mim quem eu sou. Mas o quanto vemos, sentimos e acreditamos que "personalidade = eu" é algo que precisamos observar. A personalidade, assim como a cor do cabelo, a cor da pele, o tom de voz, a altura, o peso etc., é apenas uma "ferramenta" com a qual nasci, para ser usada e vivida.

Além disso, existem apenas tipos de personalidades, não personalidades melhores ou piores. É apenas uma questão de quão bem você a utiliza. Se você não estiver familiarizado com sua personalidade ou achar que não a está usando suficientemente bem, poderá encontrar maneiras de melhorá-la. Há muitos desses métodos por aí. Você só precisa aprendê-los e tratá-los como suas mãos e pés. Esse é o ponto de partida e a chave. Enquanto não conseguir fazer isso e ainda acreditar na crença de que "a personalidade sou eu", você não mudará.

O segundo insight é identificar, aceitar e usar seu tipo de personalidade. Em vez de vê-lo como uma fraqueza e tentar compensá-lo, use-o como um ponto forte.

Para usar a personalidade como uma ferramenta, você precisa conhecê-la bem. Muitas pessoas acham que conhecem sua personalidade, mas, na realidade, muitas vezes não conhecem. Conhecer sua personalidade significa conhecer e compreender a si mesmo de forma tão objetiva quanto qualquer outra pessoa.

Se você está lutando com um problema de personalidade e não está conseguindo chegar a lugar algum, precisa ser honesto consigo mesmo. "Ah, eu não conheço minha personalidade bem o suficiente!", você diz. Se você conhecesse, não seria tão difícil. "Saber que você não sabe o que não sabe" é a chave.

Há várias maneiras de identificar sua personalidade. Uma maneira prática é usar um sistema de análise de personalidade disponível comercialmente para identificar seu tipo ou fazer um teste de personalidade em um centro psicológico, psiquiátrico ou de coaching. Você não deve depositar muita fé nesses sistemas de personalidade, mas também não deve ignorá-los. Você pode simplesmente dizer: "Ah, existe isso, e eu posso descrever minha personalidade dessa forma". Eles são ferramentas e você não deve simplesmente tomá-los como dados, mas se apropriar deles e ativamente selecionar, interpretar, aplicar e utilizar as informações.

Os sistemas de tipos de personalidade mais populares e amplamente utilizados são o MBTI, o DISC e o Eneagrama. Existem muitas outras ferramentas no mercado, mas essas três são um bom ponto de partida. Se você pesquisar na Internet, há muitos sites que oferecem testes em tempo real. Se você usar um teste gratuito, certifique-se de que ele tenha o maior número possível de perguntas, para que os resultados sejam mais precisos.

Tomemos como exemplo o sistema MBTI. Ele é dividido em "Introvertido (I) e Extrovertido (E)", de acordo com a direção da energia, "Intuição (N) e Sensação (S)", de acordo com o principal método de percepção, "Sentimento (F) e Pensamento (T)", de acordo com os critérios de julgamento, e "Percepção (P) e Julgamento (J)", de acordo com o estilo de implementação, e os combina para classificar as personalidades em um total de 16 tipos. Por exemplo, se sua personalidade é "introvertida, intuitiva, emocional e cognitiva", de acordo com o , você é do tipo "INFP". O importante é saber que você é introvertido, sua principal forma de percepção é a intuição, sua forma de julgamento é a emoção e seu estilo de vida é a cognição.

Também é muito útil identificar as características do tipo oposto em cada uma das quatro áreas. Muitas vezes, conhecemos apenas nossa própria personalidade e tendências, mas não sabemos como as outras pessoas se sentem, se comportam, reagem ou pensam. Depois de conhecer esse sistema de tipos de personalidade, você poderá determinar por que as outras pessoas se comportam da maneira que fazem.

Um teste pode não revelar suas tendências ou personalidade. Talvez você precise fazer o teste várias vezes ou usar um teste diferente. Ao fazer isso, você terá uma ideia melhor de como cada sistema classifica sua personalidade. Também é importante observar que nenhum tipo de personalidade é um monólito - tenho elementos tanto de introversão quanto de extroversão, bem como elementos de intuição e sensorialidade. É importante entender que a personalidade de uma pessoa é uma combinação de muitos elementos, embora eu possa preferir ou usar um mais do que o outro.

Em particular, cada personalidade é única e tem seus próprios pontos fortes, portanto, pelo menos no que diz respeito à personalidade, você não deve encará-la como uma fraqueza e tentar compensá-la, mas sim encará-la como um ponto forte e usá-la a seu favor. Você precisa começar a pensar dessa forma.

Por exemplo,

Não é "sensível ou delicado", é "delicado".

Não é "áspero", é "ousado".

Não se trata de "tropeçar", mas sim de "ágil".

Não é "tímido", é "cauteloso".

Não se trata de ser "presunçoso", mas de ter "autoestima saudável".

Não se trata de ser "opinativo", mas sim de ser "analítico".

Não é "frágil", é "amigável e caloroso".

Não se trata de ser "sarcástico", mas de ser "ativo e expressivo".

Não é "sem número", é "contemplativo".

Não se trata de ser "complicado", mas sim de ser "preciso".

Não é "frio", é "calmo".

Não é "sem coração", é "objetivo".

A razão pela qual devemos tentar fortalecer nossos pontos fortes em vez de compensar nossos pontos fracos é que não existe fraqueza na natureza. Existem apenas fraquezas, quer as utilizemos bem ou não. Qualquer personalidade e qualquer elemento dessa personalidade se torna um ponto forte quando bem utilizado. Portanto, não há necessidade de se apegar a coisas que você não usa bem, chamando-as de fraquezas. Isso é uma perda de tempo. Você só precisa transformar essa característica em um ponto forte inerente. E, como escrevi acima, a estratégia é transformar deliberadamente seus traços de personalidade em pontos fortes em vez de pensar neles em termos de fraquezas. Porque minha personalidade é meu ponto forte.

- Torne-se um mestre de sua personalidade quando você vai além de si mesmo

Como já dissemos várias vezes, a personalidade não é "eu". Muitas vezes, identificamos nossa personalidade com nós mesmos e a tratamos como algo que não podemos mudar. O mesmo pode ser dito de outras pessoas. Mas vale a pena repetir: temperamento ou personalidade é apenas uma "ferramenta" que eu uso.

O fato de você usar sua personalidade ou viver nela é determinado pelo fato de você ir além dela ou não.

É uma palavra grande, mas não é complicada, grande ou especial: trata-se de não se limitar ou se prender a quaisquer limitações que tenham sido impostas a você anteriormente. Haverá momentos em que você definirá ou fará suposições sobre si mesmo ou sobre os outros e, embora possa usá-las como uma "informação" pela qual você precisa viver, você não as aceita como a "totalidade de mim" ou a "verdade absoluta".

Trata-se de perceber que você não pode impor limites ou restrições a quem você é, e que você está sempre lá, exatamente como você é, exatamente como você é.

Como o nosso temperamento único pode mudar quando vamos além de nós mesmos? Para facilitar a explicação, vamos apresentar as quatro teorias de temperamento do sistema de personalidade DISC.

Cada letra do DISC representa um dos quatro traços de personalidade: Dominância, , Influência, Estabilidade e Conscienciosidade. Vamos ver como a mesma personalidade muda antes e depois de passar por mim.

Se você é dominante (D), quer ter o controle de "todas as situações" porque vê sua personalidade dominante como seu tudo e não pode se afastar dela até que ela esteja além de você. Não importa se estou certo ou errado. Seguir outra pessoa não é aceitável para mim, e não me sinto bem nessa situação. Não me sinto seguro quando outras pessoas assumem a liderança, porque sinto que, de alguma forma, isso será errado e dará errado.

Depois de ir além de mim mesmo, sei que liderar não é tudo o que sou. Eu lidero quando preciso, mas não lidero quando não preciso. Quando sinto o desejo de liderar, posso parar ao perceber que essa é apenas minha "resposta temperamental". Se me sentir desconfortável ou ansioso por não conseguir liderar, sei que essa também é apenas minha resposta automática temperamental e, portanto, não reajo mais. Com o tempo, você se tornará melhor em reconhecer e aplicar seu "temperamento de iniciativa" quando for apropriado e quando não for.

O tipo social (I) também pode ser chamado de "tipo expressivo". Sinto-me vivo e intuitivo quando faço o que sinto, digo o que quero dizer e faço o que quero fazer. Parece certo fazer isso.

Depois de ir além de mim mesmo, percebo que a expressão e a tendência de ser ativo também são apenas modos de ser. É claro que a expressão é o som da vida, e acho que é melhor se expressar do que não se expressar, mas também reconheço quando é apropriado e quando não é apropriado. É assim que distinguimos entre uma boa expressão e uma expressão ruim. O que importa não é a expressão em si, mas a eficácia, a praticidade e o significado da expressão. Não se trata apenas de se expressar, mas também de receber expressões de outras pessoas. Eles reconhecem que o valor ou o significado de "eu" é único e separado de "minha expressão". Eu sei como usar a expressão como uma ferramenta, não para ser consumido por ela.

O Estável (S) geralmente é amigável, pacífico e disposto a se conformar. Em geral, isso é bom, mas quando precisam assumir o controle ou se impor, as coisas não saem como desejam ou os relacionamentos são prejudicados. Eles não entendem por que os outros os criticam quando eles foram cuidadosos e não fizeram nada de errado.

Quando estou além de mim mesmo, sei que ser estável é "apenas meu temperamento", portanto, quando preciso liderar ou me expressar, eu o faço, mesmo que seja um pouco desconfortável. É claro que não me sinto confortável, mas sei que esse desconforto é apenas um sentimento e nada mais. O segredo é como fazer a situação funcionar e como tornar o relacionamento significativo, e sei que não é do meu temperamento gostar de situações amistosas, e sei que relacionamentos ou situações amistosas nem sempre são bons ou desejáveis.

Cauteloso (C) também pode ser chamado de "analítico". Eles são cautelosos em tudo o que fazem e tudo tem de ser lógico e racional. Mesmo quando saem para uma viagem de fim de semana, precisam ter os preparativos e a programação perfeitamente organizados. Eles não aceitam nada abstrato ou confuso. Sempre há uma resposta clara e eu sei disso. Qualquer coisa que não seja tão estruturada, precisa, detalhada, organizada ou preparada é errada ou falsa. O problema é se ater a isso, mesmo quando for desnecessário.

Depois de ir além de mim mesmo, sei que a "perfeição" é um cenário. Você percebe que ela não é inerente, mas criada pela necessidade e utilidade. Você percebe que seu temperamento é uma ferramenta que é útil quando você precisa dela. Você usa seu temperamento para ajustar, organizar e desenvolver quando precisa, mas também sabe como ignorar etapas e sequências rígidas quando não precisa. Mesmo que não seja confortável fazer isso, sei que é apenas uma reação automática da minha mente e não tem nada a ver com a realidade.

Nossa meta é conhecer seu temperamento e sua personalidade e entender seus pontos fortes e fracos para que você possa maximizar suas vantagens e pontos fortes.

Além disso, o objetivo final não é ser o mestre do temperamento e da personalidade em si, mas ser o mestre de mim mesmo além deles. E "além de mim mesmo" para me tornar o mestre de mim mesmo e de meu temperamento. Ir além de mim mesmo é a maneira mais segura de ir além, de conquistar o temperamento e o caráter.

Você não precisa fazer nada de extraordinário para mudar. É o oposto: você usa sua personalidade como um recurso e a transforma em uma força em si mesma. Isso é o que está além de mim. Portanto, não vamos esperar para sermos mudados, vamos mudar a nós mesmos. Não tentem mudar, mas escolham mudar.

◆◆◆

Resumo

A personalidade não é quem somos, é uma ferramenta que usamos na vida. Não há nada de bom ou ruim na personalidade, o que importa é como você a usa. Você precisa entender e aceitar sua personalidade e vê-la como um ponto forte, não como uma fraqueza. É útil entender a si mesmo de forma objetiva, usando a ferramenta para analisar seu tipo de personalidade. Em última análise, a meta é transcender sua personalidade e tornar-se seu mestre. Isso pode ser feito por meio do processo de transformação dos traços de sua personalidade em pontos fortes.

3.7 A essência da vida não está no conteúdo, mas na utilização

: A sabedoria de Wittgenstein

Em setembro de 2015, deparei-me com uma história inspiradora na Internet. Era sobre uma equipe sueca de quatro homens e um cão vadio que participaram do Campeonato Mundial de Corrida de Aventura no Equador, em novembro de 2014.

"A competição é realizada anualmente e envolve esportes radicais, como trekking, mountain bike e caiaque, percorrendo mais de 700 quilômetros em 10 dias para ver quem consegue completar o percurso mais rápido.

A equipe sueca havia treinado com todas as suas forças para essa competição. Durante a competição, a equipe avistou um cachorro alongado na estrada e não resistiu a dar a ele uma almôndega. O cão começou a seguir a equipe. A equipe temia por sua segurança e tentou separá-lo da equipe, mas ele nunca foi embora. Na última etapa, que envolveu a travessia de caiaque por 57 quilômetros de rio, a equipe se despediu do cão. Quando o cão viu o barco partir, ele pulou no rio. A equipe decidiu colocar o cão no caiaque. Eles então diminuíram a velocidade para remar a corrida com o cão, terminando em 12° lugar. Após um ano de treinamento árduo e competição, a equipe disse que não se arrepende do prêmio, mas lamenta ter ganhado um amigo querido. O cão viajou de volta para a Suécia com a equipe e tornou-se parte da família de um dos membros da equipe, que o batizou de 'Arthur'."

Um filósofo chamado Wittgenstein teria dito. "A essência da linguagem não está em seu significado (conteúdo), mas em seu uso."

Agora podemos pegar suas palavras e estendê-las para declarar que

"A essência da vida não está em seu conteúdo, mas em seu uso."

Se você prioriza o "conteúdo", deve dar o melhor de si e ter o melhor desempenho possível. Normalmente, isso é senso comum. Mas, para a equipe sueca, o "conteúdo" fixo da competição - vencer ou ter um bom desempenho - não era a essência da participação na competição, não só para eles, mas também para todos os competidores: a essência da competição não está em vencer ou ter um bom desempenho, mas no que você vivencia e no que você usa.

Assim é nossa vida, assim é nossa existência.

Acreditamos que a vida é significativa e completa somente quando a preenchemos com determinados conteúdos prescritos. A miríade de "conteúdos" individuais, coletivos, socioculturais e socioculturais em que fomos condicionados a acreditar se tornou tão forte quanto a religião e nos aprisiona. Nós nos aprisionamos. Os mestres que os criam são eles mesmos aprisionados por eles. Quem decide o conteúdo dessa vida, o meu conteúdo? Existe uma resposta absoluta?

Não!

Quem se atreve?

Outras pessoas? O mundo?

Ninguém pode decidir.

É uma conveniência, mas não é a única coisa que você pode usar.

Até mesmo por "mim".

O que você faz ou não faz, quem você se torna ou não se torna, etc. são apenas o "conteúdo". E a essência da vida não está no conteúdo. O conteúdo é apenas um meio de utilizar a vida. Não é o único ou absoluto. Tentaremos, faremos e alcançaremos o máximo que pudermos, mas todo esse conteúdo é um meio, não um fim.

Ao vivermos e existirmos, naturalmente criaremos e acumularemos conteúdo. Entretanto, não há conteúdo na vida e na existência que seja "apenas significativo". Ele é criado, mas é experimentado, e depois é abandonado. A escolha é minha, não de outra pessoa. Essa é a nossa vida. Essa é a nossa existência.

Ao mesmo tempo em que é capaz de criar qualquer coisa,
Ao mesmo tempo, não se deixe levar pelo conteúdo.

Selecione ativamente o conteúdo.
Saiba que conteúdo é apenas conteúdo.

Não me importo com o conteúdo.
E alavancar a vida.

E o
Até mesmo "eu" está contente, portanto
Se você puder
Concentre-se em fazer bom uso do "eu" também.

◆◆◆

Resumo

A essência da vida está na aplicação, não no conteúdo. Muitas vezes pensamos que a vida precisa ser preenchida com um determinado conteúdo para ser significativa, mas isso só nos limita. O conteúdo de nossa vida não é absoluto ou fixo; é o que escolhemos e usamos. O importante é criar conteúdo, mas não ficar preso a ele, e reconhecer que conteúdo é apenas conteúdo. Em última análise, precisamos ser capazes de ver a vida e até mesmo "eu" como um objeto a ser utilizado.

3.8 História da menina que um dia encontrou seu 'eu'

: Beyond All Names - Abraçando sua verdadeira identidade

Havia uma garota.
E depois havia a mamãe.

Infelizmente, minha mãe, com o coração partido, decidiu usar
É assim que eu a chamo desde que ela era uma garotinha.

"Puta feia,
Puta preguiçosa,
Cabra presunçosa,
Puta egoísta,
Cadela ignorante,
Puta sorrateira".

A voz que você ouviu de sua mãe desde que era criança é
Porque era absoluto para a garota
Não consegui pensar em mais nada.
E, sem mais nem menos, era tudo deles.

A vida da garota era compreensivelmente difícil.
Especialmente quando estiver interagindo com outras pessoas
A autoimagem em que você acredita
Isso lhe causou muita dor.
Mas achei que era óbvio.
Porque você é quem você pensa que é.

Então, um dia
De repente, a garota teve uma pergunta.
Todos esses nomes que eu considero como sendo meus são
Será que sou eu mesmo?

Desde muito jovem, percebi que a voz da minha mãe não era absoluta.
Quando a vigília ultrapassa um determinado limite
A pergunta era.

Não se trata de uma "pergunta negativa" que nega algo, mas de uma
Aquele que desafia todas as probabilidades
Essa era a grande questão.

E finalmente
Ela percebeu.

'As que minha mãe colou
Não era meu nome!
Não era eu.
Não era nem eu.
Eles não podem me limitar nem me definir.
Não sou definido por esses nomes!

O momento,
Ela estava livre.

Não, não havia liberdade.
porque não há mais nada em que ficar preso

Não se trata de escapar ou sair de algum lugar.
Porque eu sei.

São apenas todos esses nomes passados, autoimagens,
O que eu acreditava ser eu
Uma mãe com o coração partido, dentro dos limites do que ela podia fazer.
É apenas uma palavra que eu coloquei em mim mesmo", disse ele.
Todos esses nomes foram apagados.

Não é que ela deva desaparecer ou ser apagada.
Isso se tornou algo óbvio.
Eu sei o que eles são.
Porque sei que não é nada.

E a garota encontrou seu verdadeiro eu.
De todos os nomes negativos anteriores
Estou livre.

Então, algo ainda mais incrível aconteceu.
Que as meninas não precisavam mais de nomes como antigamente.
porque você não se vê mais como um
Você não precisa existir como um "nome único
Porque você percebeu.

Não apenas os nomes negativos do passado
Não importa quão bom seja o nome
ligado à existência infinitamente livre de mim
No momento em que você se encontra preso nele
O infinito eu em um nome estreito

porque sabemos que ele vai encolher.

A garota agora é uma
Você não precisa dar nenhum nome a ele.
Tão natural, confiante e flexível,
Cheio, satisfeito, amoroso,
Ele se deleitava com a glória de sua própria existência.
Eu apenas saboreei, gostei, gostei, permiti, aceitei.

Em vez de rejeitar todos os nomes, o
Independentemente do fato de o nome ser negativo ou positivo
Sinta-se à vontade para usar os nomes que achar úteis e necessários.

Às vezes, sou apenas "eu",
Às vezes, ser mãe,
Às vezes, ela se tornava uma esposa.
Às vezes, eu me torno um ajudante,
Algumas vezes foi o contrário.

E então
Independentemente de seus nomes, os
Ela sempre esteve presente.

já, originalmente, sempre, espontaneamente
Naturalmente, com confiança,
Seja flexível, seja pleno,
Satisfatoriamente, com amor,
Não tenha pressa.

◆◆◆

Resumo

Uma jovem garota é aprisionada pelos nomes negativos que sua mãe lhe deu, até que um dia percebe que eles não são sua verdadeira identidade. Ela descobre sua essência além de todos os nomes e rótulos e aprende a ser livre e espontânea, sem se prender a nenhum nome. Ela assume diferentes papéis conforme necessário, mas continua sendo seu eu essencial, aceitando e desfrutando de sua existência com confiança.

Capítulo 4 Feridas não devem ser evitadas, mas tornadas insignificantes

4.1 Feridas não devem ser eliminadas, mas abraçadas e superadas

4.2 Como não se magoar com as palavras dos outros

4.3 Como se tornar indiferente àquela 'memória' que nos incomoda

4.4 Quando más lembranças surgem, é na verdade uma boa oportunidade

4.5 Como se libertar das emoções negativas

4.6 Como superar o medo instintivo do desconhecido

4.7 Quanto eu estou 'disposto' a experimentar a mim mesmo?

4.1 Feridas não devem ser eliminadas, mas abraçadas e superadas

: Abraçando e seguindo em frente - O verdadeiro significado da cura

Não há ninguém que não tenha sido magoado pelo menos uma vez. Os relacionamentos são como andar descalço por arbustos espinhosos, portanto, quando você tem um relacionamento, está fadado a se machucar de alguma forma, e essa mágoa continua até hoje.

Geralmente é prejudicial, mas também pode não ser intencional. Pode acontecer acidentalmente, circunstancialmente ou estruturalmente, sem qualquer intenção ou vontade. Uma das partes pode ser descuidada ou insensível, e a outra parte pode ser sensível ou melindrosa. Às vezes, é claro, são as duas coisas.

Algumas feridas são relativamente pequenas e são tratadas diariamente, enquanto outras são intensamente traumáticas. O impacto "físico, emocional, pessoal e situacional" da vitimização, da agressão e da violência pode ser significativo e, embora a cura psicológica seja necessária em algum momento, muitas pessoas carregam essas experiências para o resto de suas vidas. Pesquisas em neurociência demonstraram que a violência física e psicológica grave, o abuso e o trauma na infância podem afetar o cérebro e levar a sintomas de depressão, ansiedade e outras condições ao longo da vida. Portanto, é uma boa ideia procurar ajuda profissional, se possível.

O que parece ser um evento insignificante para os outros pode ter um efeito traumático em você. Não, isso é surpreendentemente comum. Isso ocorre porque a mágoa é um problema interno. Não importa quão pequeno pareça, é realmente um grande problema se você sentir que é grande e sério. Se as pessoas não entenderem isso, será ainda mais difícil para elas.

É claro que devemos eliminar o máximo possível de danos desnecessários, tanto para os indivíduos quanto para a sociedade. Os indivíduos precisam amadurecer e a sociedade precisa melhorar estruturalmente. Essa é uma tarefa de progresso pessoal e social que todos devem trabalhar juntos para alcançar. Por outro lado, além desses esforços sociais, também precisamos lidar com nossas próprias feridas psicológicas.

A ironia é que muitas vezes tornamos as coisas mais difíceis para nós mesmos. Porque não nos permitimos ser magoados. Seja há 10 anos, há 10 meses, há uma hora, há 10 segundos ou agora mesmo, a mágoa já foi sentida. Minha mente não permite que a mágoa e a situação existam.

"Por que eu? Por que eu? Eu não fiz nada de errado, é injusto, eu odeio isso, não mereço isso, não posso permitir essa experiência, essa dor!", você continua gritando.

Isso é compreensível. Nem sempre temos de aceitar e permitir as coisas só porque as vivenciamos no passado e, às vezes, nos sentimos mais confortáveis ou satisfeitos por não aceitá-las. Trata-se de uma mentalidade estratégica.

- Você não pode negar que algo existe

A questão é a duração, ou o estado de espírito resultante. O que acontece com nossa mente quando negamos e não permitimos que a situação, experiência, sentimento ou outra pessoa do passado exista.

Como resultado, isso se torna mais difícil. Porque até você sabe que o ato de tentar acreditar que algo que já existe não existe é inerentemente "errado". Você simplesmente não consegue parar de negar e rejeitar isso. Parece que permitir e aceitar isso o deixará mais infeliz, ressentido e irritado. Entretanto, as experiências e os sentimentos da ferida permanecem no sistema de memória do cérebro, portanto, podem ser "reprimidos", mas não "desaparecem". Isso continua a nos afetar inconscientemente. Quanto maior for a repressão e a ignorância conscientes, maior será o impacto. A repressão e a ignorância não são a maneira de resolver o problema.

Enquanto formos animais sociais, não poderemos evitar as feridas psicológicas que ocorrem em nossos relacionamentos. Então, o que devemos fazer a não ser continuar a nos machucar e sofrer?

Não, você não pode. Não precisa ser assim. Embora seja inevitável sofrermos mágoas, há coisas que podemos fazer em relação ao período de sofrimento que se segue. Quer você procure um conselheiro profissional, trabalhe por conta própria ou obtenha apoio das pessoas ao seu redor, todas essas tentativas têm um objetivo final. Não é que a mágoa desapareça, mas que ela acabe se tornando insignificante. Não é que esteja tudo bem quando ela desaparecer, mas que não importa se ela está lá ou não. Outra maneira de dizer isso é "deixar ir".

Você pode dizer que é muito fácil, mas essa frase não saiu da minha boca. Ela veio da cura mais ativa, da superação, da empatia, da aceitação e do seguir em frente. São palavras ferozes. Portanto, é uma palavra poderosa, uma palavra pesada. Também são palavras de apoio. Para os outros, para mim mesmo.

Talvez todas as coisas que tentamos fazer para curar nossas feridas psicológicas - aconselhamento, religião, oração, reuniões, programas, livros, meditação, insight, tempo, etc. - sejam pretextos para esse propósito: melhoramos porque passamos pela cura e pelo insight, mas no processo descobrimos que a ferida não é nada, que não é tão grande e séria quanto pensávamos.

Em outras palavras, trata-se de liberar os absolutos que, inadvertidamente, anexamos às feridas do passado. Libertar-se da ilusão de que isso é tudo o que existe. Trata-se de diminuir a importância que dei a ela. E tornar-se maior do que essa mágoa, essa lembrança do passado.

Se estiver sofrendo, faça o possível para se curar. Procurar aconselhamento não significa que você seja dependente de outras pessoas, nem que não seja independente. Assim como você estaria disposto a ir ao médico para tratar de uma ferida física, deveria estar disposto a buscar ajuda para suas feridas emocionais. Há muitas outras maneiras de se curar, portanto, encontre sua própria maneira de curar suas feridas emocionais. É um processo de crescimento, um processo de expansão. Você só precisa fazer com que seja assim.

Vamos ser claros quanto a isso. A ferida não é curada quando se lida de alguma forma com a causa que a provocou. Uma coisa é lidar com a causa para que eu possa me libertar dela, mas agora vamos nos aprofundar. Vamos nos aprofundar: o fato de que a ferida se tornou uma ferida porque eu a valorizei, porque eu estava preso à antiga maneira de ser, e agora que sou maior do que ela e não estou mais preso a ela, estou livre para abandoná-la, abraçá-la, deixá-la ir, de modo que "a ferida deixa de ser uma ferida" é a base da cura.

Vamos nos fortalecer e amadurecer para que, no presente e no futuro, não revivamos as mágoas do passado tanto quanto possível, mas, quando o fizermos, deixemos que ele se liberte, esclarecendo que não é algo que tenhamos de fazer para sermos livres.

◆◆◆

Resumo

Todos sofrem feridas psicológicas. Negar ou ignorar essas feridas não resolve o problema e pode piorá-lo. A verdadeira cura não se trata de apagar uma ferida, mas de reconhecê-la e superá-la. É um processo de perceber que a mágoa não é mais importante e crescer além dela. É importante mudar nossas percepções e reações à ferida em vez de lidar com a causa da ferida. Pode ser útil explorar e utilizar uma variedade de métodos de cura, inclusive procurar ajuda profissional.

4.2 Como não se magoar com as palavras dos outros

: Permitir a minha liberdade e a sua liberdade ao mesmo tempo

Algumas pessoas ficam particularmente magoadas com as palavras de outras pessoas. Gostaríamos de fazer uma punhalada naquele momento ou dizer tudo o que queremos dizer e seguir em frente, mas, dependendo de nossa personalidade, isso não é tão fácil. Então, mais tarde, eles pensam sobre o assunto, se ressentem e o desmentem.

O que podemos fazer?

Há muitas soluções, e a chave para qualquer uma delas é a disciplina e a persistência. Neste artigo, daremos uma olhada em um método eficaz.

Mas antes de chegarmos a isso, há uma frase de efeito. Nunca seja um tolo. Se você achar que está sendo atacado injustamente ou que está em uma situação injusta, deve reagir e se expressar de alguma forma. Se necessário, você pode dizer a mesma coisa, xingar a pessoa ou até mesmo bater nela. Faça o que precisar, quiser ou puder fazer. Não fique parado.

Faça isso independentemente (mas ao mesmo tempo) de sua reação legítima. Se você se magoa facilmente com as palavras ou ações da outra pessoa e as mantém em sua mente por muito tempo, declare em seu coração que, de agora em diante, reagirá a elas.

"Todos os seus pensamentos, palavras e ações são, obviamente, seus.

Portanto, eu lhe concedo sua liberdade!"

Trata-se de dar a eles a liberdade de serem os donos do relacionamento e da situação. Ninguém pode lhe dizer o que fazer, portanto, você deve fazer o mesmo com a outra pessoa. Não estou dizendo que você deve deixar a outra pessoa fazer o que ela quiser. Estou dizendo que você deve permitir que ela seja livre. Tenha sempre em mente que você é livre para tomar qualquer atitude que quiser, independentemente dele.

Quando a outra pessoa faz algo com você, geralmente você fica magoado por fora, mas por dentro pensa: "Isso é realmente ofensivo. Você não deveria ter feito isso". Você não expressa isso, mas, em seu coração, não permite que a outra pessoa faça nada. É uma ditadura tímida. Não se trata apenas de uma metáfora, mas as pessoas com poder social geralmente transformam suas ditaduras mentais em ditaduras na vida real.

De uma perspectiva sábia, as proibições e desautorizações internas não têm efeito nem benefício. Isso não faz com que a outra pessoa pare e não faz diferença. Isso só faz com que você se sinta mais ressentido. É impossível para mim proibir a liberdade de pensamento, fala e ação da outra pessoa. Tentar fazer o impossível só fará com que eu me sinta pior e não resolverá nada. Você deve perceber isso.

Não é o fim da história, não pode ser. Não se trata apenas da outra pessoa, mas também de "mim", para que o relacionamento seja justo. Eu sou outra pessoa que merece ser tratada com justiça. Portanto, declare em seu coração que você se permite ser livre ao mesmo tempo em que permite que os outros sejam livres.

"Todos os meus pensamentos, palavras e ações são, obviamente, meus.
Eu lhe concedo minha liberdade!"

Eu me dou permissão para ser livre. Mesmo que eu não precise da permissão dos outros. Ao mesmo tempo, permito a liberdade da outra pessoa em meu coração. Quando você permite que a outra pessoa seja livre, você desfruta de sua própria liberdade.

Agora, vamos permitir que ambos os lados sejam livres! Gradualmente, você perceberá que sua mente e seu comportamento serão diferentes de antes. Eles se tornarão mais abertos, sedutores, livres e harmoniosos. Ambos os lados poderão se expressar livremente e aceitar um ao outro.

A princípio, os dois comportamentos podem parecer conflitantes. Não é uma contradição dizer que sou livre para reagir, mas também sou livre para permitir que a outra pessoa reaja? Pode haver alguma confusão psicológica. "O que eu faço quando preciso proibir o comportamento da outra pessoa? Devo proibi-lo ou não?

Vamos dar um exemplo concreto do que fazer nessa situação. Em uma situação, você quer dizer "Não!" ou "Não faça isso!" às palavras ou ao comportamento da outra pessoa. Agora, separadamente, em sua mente, dê a ela a liberdade de fazer isso. Sinceramente. "Sim, essa é a sua liberdade!" Depois, dê a si mesmo essa liberdade também.

Mas, na verdade, há uma clara diferença em relação ao passado. No passado, se eu quisesse dizer "não" ou "não faça isso", eu cerrava os dentes e engolia o ressentimento porque não podia me dar a liberdade de dizê-lo. Quer eu dissesse ou não, eu não dava à outra pessoa a liberdade de se expressar. Você entenderá a diferença. Agora eu lhes dou liberdade e sou livre para dizer "Não!" ou "Não faça isso! É claro que você pode optar por não dizer isso.

Embora pareçam iguais na superfície, esses dois são completamente diferentes. O último é muito mais livre, mais frio e mais otimista. Além disso, o efeito é muito maior e a situação subsequente é diferente. Se no passado eu tinha a mente fechada e era psicologicamente indisponível, sempre reagindo a situações e relacionamentos de forma a piorá-los, agora começo a ver a mim mesmo, a outra pessoa e a situação ao meu redor em uma perspectiva mais ampla, de modo que posso pensar e agir com mais liberdade e ver novas soluções. Talvez você até consiga assumir o controle de uma situação difícil com uma piada leve.

O que geralmente fazemos? Não permitimos que a outra pessoa tenha liberdade de expressão. Quer eu realmente diga "não faça isso" ou não, o estado de espírito é o mesmo. Portanto, minha mente continua desconfortável e a tensão ou negatividade que se cria entre nós não desaparece de forma alguma.

Ou, ao contrário, dão liberdade à outra pessoa para fazer o que quiser, mas dizem a si mesmas: "Não, você não pode fazer isso. Você não pode sentir raiva, não pode expressar raiva, não pode ficar com raiva. Enquanto você estiver nesse estado de espírito, será a mesma coisa se disser à outra pessoa "não faça isso" ou não. A tensão e as emoções negativas não desaparecem.

Permitir que ambos os lados sejam livres é, em outras palavras, mudar o campo de jogo. Se sua mente costumava ser um playground inclinado, esburacado e bagunçado, onde você não podia brincar adequadamente, agora é um playground plano, redondo e limpo. Você pode correr com mais liberdade e alegria nele.

Nos primeiros dias, vocês podem se sentir desajeitados e desconfortáveis em dar liberdade um ao outro, portanto, as discussões podem aumentar e pode haver uma sensação de "ah, isso não está certo". Pode parecer que não mudou muita coisa em relação ao passado. Mas é diferente quando você se acostuma. Se você não desistir e continuar, ficará cada vez melhor.

Um dos truques é fazer o que for possível e aproveitar o máximo que puder, sem esperar por grandes mudanças. Tudo é tão bem-sucedido quanto você o faz. Se você chegar a 1, você foi bem-sucedido em 1. O mesmo acontece com 10. O sucesso não precisa ser 100 para ser significativo.

O que é ainda mais interessante é que novas mudanças qualitativas podem continuar ocorrendo em etapas. Cada etapa traz seu próprio prazer exclusivo. Isso significa que a sensação de "Ah, é assim que é ser livre dos dois lados ao mesmo tempo!" não termina de uma vez, mas pode ser ampliada várias vezes. Se você está lendo isso agora e está tendo um momento de "ah-ha!" em sua consciência, é possível que a primeira mudança qualitativa já tenha começado em sua mente inconsciente e subconsciente. Não desanime nem pare se não der certo em um primeiro momento.

Há dois estágios para aprender a andar de bicicleta. Para obter uma explicação teórica de "Permitir que tanto a minha liberdade quanto a sua liberdade não sejam prejudicadas pelo que os outros dizem", consulte . Agora é hora de sair e andar em uma bicicleta de verdade. Continue, mesmo que você caia no caminho. Não é assim que o ciclismo é ensinado e, mais cedo ou mais tarde, você se divertirá. Quem sabe, talvez você até se divirta em primeiro lugar.

Também é uma "grande coragem" ser feliz em minha vida. E não apenas para mim, mas para meus entes queridos, familiares, amigos e conhecidos. Portanto, vamos nos encorajar.

◆◆◆

Resumo

Um método poderoso para pessoas que se magoam facilmente com as palavras dos outros é "permitir a liberdade dos outros e a sua própria liberdade ao mesmo tempo". Você precisa permitir que os outros tenham liberdade para pensar, dizer e fazer o que quiserem, ao mesmo tempo em que se permite ter liberdade. Isso lhe dá uma perspectiva mais ampla da situação e permite que você responda de forma mais livre e construtiva. Praticar esse método pode parecer estranho no início, mas, com o tempo, você perceberá uma mudança qualitativa na maneira como lida com relacionamentos e situações. É uma abordagem corajosa para sua própria felicidade e a felicidade dos outros.

4.3 Como se tornar indiferente àquela 'memória' que nos incomoda

: Use esse método para todas as emoções e pensamentos, não apenas para os negativos

É muito difícil ter sentimentos ou pensamentos indesejados que sempre voltam à sua mente. Você fica se lembrando das palavras e ações de alguém que foi maldoso com você há alguns dias e se sente insultado e irritado novamente. 'Ah, eu deveria ter ficado tão irritado ou discutido naquela época...' ou 'Não acredito que me ignoraram por nada...' ou 'Eu deveria ter feito isso ou aquilo...' As lembranças continuam voltando, e quando você pensa que já esqueceu, elas voltam novamente. Algumas lembranças permanecem conosco por meses, outras por anos, e outras não desaparecem.

Embora muitas vezes nos preocupemos com os problemas atuais e com o futuro, são as coisas do passado que parecem se repetir com mais intensidade. As experiências negativas do passado, os sentimentos e pensamentos que tivemos naquela época, afetam nosso presente. Elas surgem no meio de uma boa disposição, estragam nosso humor, tiram nossa confiança e derrubam nossa disposição. Mesmo que já tenham passado, elas estão mortas.

Esses sentimentos e pensamentos parecem estar fora de nosso controle. Eu não os sinto nem penso, mas eles parecem surgir dentro de mim à vontade. Existe alguma maneira de me livrar deles? Será que tenho de ser atormentado por sentimentos e pensamentos indesejados o tempo todo?

É claro que não. Existe uma maneira.

Para mudar qualquer hábito, dois processos são essenciais. Um é o "insight" e o outro é a "ação específica". Trata-se de perceber o que há de errado com seu comportamento atual e usar métodos específicos para mudá-lo.

- O fato de ser algo que parece e vem à mente não significa que seja "importante

Nossa mente consciente acredita subconscientemente que o que sentimos e pensamos é "importante". É uma resposta inconsciente, não o resultado de um pensamento consciente, mas algo que nos foi ensinado a fazer desde a infância. Precisamos perceber isso claramente.

Assim como o conteúdo dos sonhos é aleatório, as coisas que entram em nossa consciência durante o dia são quase tão aleatórias quanto. É assim que a neurociência interpreta isso. É claro que, se você se aprofundar o suficiente, poderá descobrir o motivo subjacente pelo qual um determinado sentimento ou pensamento veio à mente, mas, na maioria das vezes, você não saberá. Da mesma forma que você não sabe exatamente por que seu sonho de ontem à noite foi o que foi. Podemos ter várias interpretações, mas todas elas são estritamente especulativas.

Sentimentos, humores, emoções ou pensamentos são estranhos, especialmente quando vêm de experiências passadas negativas. Por que quando estou estudando, andando na rua, trabalhando ou dirigindo, não consigo deixar de pensar nele e me sentir mal? Coisas que não me ajudam em nada.

Eu já disse, é aleatório. É aleatório. Não há motivo. Simplesmente é assim.

O problema é que, subconsciente ou automaticamente, atribuímos interpretações post-hoc a essas coisas aleatórias como "importantes". Precisamos entender isso. Precisamos ter um insight. E, a partir desse momento, precisamos ser capazes de mudar ativamente para "mesmo que isso pareça e chegue até mim agora, não importa!

Estou me enganando ao dar importância a elas. Estou me enganando. Estou me enganando ao pensar que há um motivo, uma necessidade. Não vamos nos enganar mais, não vamos nos enganar. Se fosse realmente importante, deveria ser forte, deveria surgir, deveria me ajudar, deveria melhorar ou resolver alguma coisa. Mas isso não acontece. Apenas me confunde mais e me faz sentir pior.

Vamos declarar isso novamente, em alto e bom som.

"Só porque me sinto bem e me vem à mente, não significa que seja 'importante'!"

É claro que, mesmo que você diga isso no início, lá no fundo ainda terá aquele velho sentimento consciente e inconsciente que diz: "Há uma razão para eu estar sentindo e pensando isso, deve ser importante". É um hábito consciente que você tem há anos ou décadas, e é difícil mudar da noite para o dia.

Quanto mais você perceber isso de forma adequada e consciente, mais rápido isso mudará e desaparecerá. Não se limite a dizer: "Simplesmente é", pois assim você não tem poder e nada muda. Você precisa se fortalecer questionando: "Isso não é importante? Por que isso? O que eu sinto e penso é realmente importante? Estou apenas acreditando inconscientemente nisso? É realmente verdade?" e, então, derrotá-lo. Se você não conseguir fazer isso, não poderá prosseguir.

- Tornar-se cada vez mais insensível ao que está sendo sentido e pensado

Agora tenho clareza de que os sentimentos, humores, emoções e pensamentos negativos que surgem não são "importantes". Então, o que fazer?

Mesmo que você tenha uma consciência clara, os sentimentos não desaparecem instantaneamente, pois ainda há vestígios deles na cabeça ou no coração. O circuito neural de sentimentos e pensamentos do cérebro ainda está lá. Portanto, os sinais podem continuar a fluir até que sejam enfraquecidos até certo ponto. Quando o sinal é ativado, eu sinto e penso novamente, e é por isso que precisamos de um método específico.

Como processar adequadamente o que você sente e o que lhe vem à mente.

Trata-se de sentir, pensar e ser ruim em relação a isso.

Você se torna indiferente.

Ele se torna indiferente.

Quando eu acreditava que os sentimentos e pensamentos que eu tinha eram "importantes", eu naturalmente lhes dava muito peso. Então, eu pensava nas pessoas e nos comportamentos que eram ruins para mim, nas situações que eram dolorosas e nos sentimentos ruins que vinham com elas, repetidamente. Que bobagem.

Agora sei conscientemente que isso não é importante e não tem sentido (essa percepção precisa ser reforçada várias vezes até que fique clara - isso não acontece de graça) e, naturalmente, dou a eles menos atenção, significado, cuidado, energia mental etc. que costumava dar a eles.

No início, há uma certa inércia deixada pelo passado e, por isso, você pode se deixar levar e voltar aos velhos padrões. Mas há uma diferença entre saber e não saber. Agora eu sei. O fato de eu sentir isso, o fato de isso vir à mente, não significa que seja importante. Em vez disso, sei que não é nada, não é importante, não vale nada.

Quanto melhor fica, mais me sinto mal em relação a eles. Você se torna indiferente. Você se torna indiferente. Se isso não funcionar, faça-o deliberadamente, porque deve funcionar. Se você fizer isso várias vezes, acabará não sentindo nem pensando mais neles.

- Ou você se importa ou não se importa, e isso não importa

Há uma maneira ainda mais poderosa. Mesmo que você os sinta, mesmo que eles venham à mente, mesmo que eles continuem a incomodá-lo, o sentimento, o vir à mente, o incômodo, é a própria coisa que o está incomodando. Não fique desapontado ou sobrecarregado por eles e não se preocupe com o fato de que não deveria se importar. Isso é apenas outra armadilha.

Em outras palavras, disseram-lhe para não se importar com algo e agora você se preocupa com isso novamente porque não se importar não funciona. Então você fica preso, preso e preso novamente, e agora isso é um fardo. "Eu não deveria estar preso aos sentimentos e pensamentos que surgem, não deveria estar lutando contra eles e não deveria estar pensando neles.

Você não precisa tentar se livrar dos sentimentos e pensamentos. Deixar ir é uma consequência de deixar ir, e você não deixa ir tentando "deixar ir". Você simplesmente percebe. Reconheça-o, aceite-o e deixe-o ir. Se não funcionar, basta escolher, o resultado é o mesmo. Em vez de sua insistência consciente, padrão, hábito ou costume de se apegar ao "que eu acho e sinto que é importante", escolha "o que eu acho e sinto não é necessariamente importante".

É importante observar que não estamos falando apenas de sentimentos e pensamentos negativos. Não se trata apenas de sentimentos e pensamentos negativos, mas de "todos os sentimentos e pensamentos". Como você pode tratar a maioria dos sentimentos e pensamentos como importantes e significativos, mas apenas os negativos não? pode.

Não há problema se o reconhecimento for tênue e fraco. O primeiro passo é dizer: "Ah, estou vendo. É isso mesmo. Depois, você o torna cada vez mais claro. E então você o torna cada vez mais nítido.

Quando você escreve algo assim, é provável que haja uma reação.

"Então, o que você quer que eu faça? Diga-me algo específico".

"Eu tento fazer as duas coisas, mas não adianta."

Já entendi. Você tem razão. É natural ter perguntas e dúvidas.

A resposta é a seguinte. Como eu disse antes, a primeira etapa é garantir que você perceba. Em outras palavras, "quebrar o antigo estereótipo errado e ter o estereótipo original certo". Trata-se de "re-conscientização" e de mudar seu pensamento. Isso é possível porque o antigo estereótipo em questão foi formado em você por meio do mesmo processo. Já fizemos isso antes, portanto, podemos fazer de novo. Mas, desta vez, você pode mudá-lo. Você pode mudá-lo. Tenha cuidado. Você não muda apenas seus pensamentos. Trata-se de abandonar o que está errado para que o que está certo possa se revelar por si só. Portanto, não se trata de tentar mudar, mas de compreender o original.

É claro que não, portanto, você precisa mudar e treinar ativamente sua mente e seu coração. Ninguém mais pode fazer isso além de você. Por quê? Porque você é o mestre de sua própria mente. Ninguém mais pode fazer isso por você. Eles podem lhe dar dicas e know-how, mas você tem de fazer isso sozinho. Essa é uma verdade imutável.

Depois de mudar sua percepção, você precisa lidar com os hábitos e a inércia do passado com ações concretas. Isso requer repetição e esforço, mas não será tão difícil se você estiver convencido de que pode fazer isso. Portanto, não pare até cruzar o limiar da mudança real. Como acontece em qualquer processo de mudança.

◆◆◆

Resumo

Aprender a dessensibilizar as memórias traumáticas envolve dois processos fundamentais: Conscientização (insight) e métodos específicos. Primeiro, você precisa reconhecer que os pensamentos e sentimentos que vêm à mente não são importantes. Eles são, em sua maioria, aleatórios e sem sentido. Em seguida, você precisa praticar maneiras específicas de se tornar indiferente a esses pensamentos e sentimentos. Isso significa não prestar atenção a eles, não lhes dar importância. Esse processo se aplica a todas as emoções e pensamentos.

4.4 Quando más lembranças surgem, é na verdade uma boa oportunidade

: Quebrando o ciclo vicioso - Como parar de reviver lembranças dolorosas

O cérebro continua revivendo lembranças ruins ou feridas mentais do passado, mesmo quando estamos quietos. Naturalmente, toda vez que uma lembrança surge, nos sentimos angustiados. Você sabia que essa é uma ótima oportunidade para processarmos a memória adequadamente, ou "autopsicoterapia"? O que significa dizer que uma lembrança ruim é uma oportunidade de cura?

- Por que o cérebro repete memórias ruins?

A primeira coisa a se pensar é por que o passado vem à mente. Por exemplo, pode ser um "mecanismo de autoproteção" que nos lembra de eventos negativos que já vivenciamos para que sejamos mais cuidadosos no futuro. Outro motivo é que a mente não consegue aceitar o que já aconteceu e deseja uma situação diferente, mesmo que seja apenas na imaginação, de modo que a lembrança se repete involuntariamente. Em outras palavras, é uma forma de aliviar uma necessidade ou insatisfação, mas é um erro e uma obsessão. É causada principalmente por ressentimento, raiva, tristeza, arrependimento, etc., relacionados ao evento.

Primeiro, vejamos o caso do "mecanismo de autoproteção". Isso é bom em si, mas é problemático quando as lembranças do passado vêm à tona em excesso, o que é bom com moderação, ou quando é apenas o suficiente para evitar que eu passe por algo semelhante, mas é emocionalmente desgastante ou perturbador.

Em vez de ficar preso às emoções associadas à lembrança, você deve se concentrar em usá-la objetivamente para ajudá-lo a prestar atenção no futuro. A resposta é reconhecer conscientemente que esse é o propósito original e o motivo da "rememoração" e não usá-la para nenhum outro propósito. Mesmo que seja um pouco difícil, você deve fazer isso de forma intencional e consciente. Caso contrário, você apenas reviverá a mesma experiência desagradável e reforçará a experiência interna negativa. (Na verdade, isso fortalecerá as conexões sinápticas em seu cérebro).

A segunda, "desejar uma situação diferente no passado (ou seja, desejar a insatisfação)", é "desejar o impossível", por assim dizer. Entendo o sentimento, mas é uma estratégia muito ineficaz, ou egoísta, ou estupidamente egoísta. É perfeitamente possível aprender com o passado para se tornar mais sábio, mais confiante e mais bem preparado para o presente e o futuro. Se você quer mudar o passado, está sendo excessivamente ganancioso. Você precisa dizer a si mesmo para parar de desejar o impossível para si mesmo. Essa é uma resposta verdadeiramente egoísta, para seu próprio bem.

Agora, precisamos examinar outro aspecto. É aqui que há uma grande oportunidade para a "autopsicoterapia".

Uma das teorias da neurociência é a teoria da neuroplasticidade. Essa teoria afirma que a rede de sinapses das células cerebrais muda com os estímulos certos. Primeiro, dê uma olhada nesta imagem

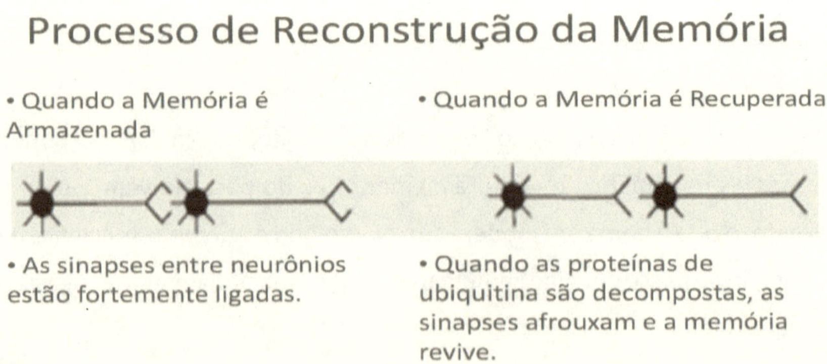

O ponto principal a ser extraído dessa ilustração simples, mas essencial, é que "quando recuperamos uma memória, as sinapses são desfeitas. E quando as sinapses são desfeitas, há uma oportunidade de reorganização neuronal.

Em outras palavras, quando nos lembramos de uma memória ruim do passado e revivemos a emoção ou a situação, a rede neural ou a rede sináptica dessa memória é liberada, o que significa que podemos reconectá-la. Portanto, reviver uma lembrança, vivenciá-la novamente ou senti-la fortemente novamente é uma oportunidade de autocura.

Quanto mais vívidas e intensas forem as lembranças e os sentimentos recordados, melhor, porque isso significa que as sinapses estão disparando mais ativamente e maior é a oportunidade de mudança. Se estiver apenas pensando sobre o assunto ou simplesmente relembrando-o, os sentimentos são mais fracos, o que significa que as ligações sinápticas são mais fracas. Isso reduz a oportunidade de mudança.

Quando lembranças ruins e mágoas do passado vêm à tona sem pensar, a maioria de nós fica presa nas emoções e se afunda nelas novamente, "revivendo a mesma coisa de sempre", fechando nossas redes neurais e não se curando e mudando de fato, o que apenas fortalece as sinapses de emoções e reações ruins. Essa é a reação que quase todo mundo está fazendo sem pensar. Isso piora a situação.

Aprendemos o segredo de que, quando recuperamos uma memória passada, a sinapse é desconectada. Quando a sinapse é liberada, temos a oportunidade de mudar. Portanto, não reexperimente e reforce inconsciente, automática e automaticamente o sentimento ruim e feche a memória, como fez no passado. Em vez disso, quando o sentimento surgir, podemos reconhecê-lo como uma oportunidade de cura e reagir adequadamente para liberar a conexão, de modo que, embora o fato do passado (a memória) permaneça o mesmo, nossa reação (a conexão na rede sináptica) será diferente. Quando essa reação muda, não importa mais que o fato passado (memória) permaneça. Ficamos cada vez mais despreocupados. Já estamos livres.

- Como tornar a recaída da memória inconsciente um processo de cura

Quer seja um mecanismo de autoproteção ou um mecanismo de carência, sabemos que a repetição de memórias pelo nosso cérebro é uma oportunidade de cura e transformação. Em vez de reexperienciá-las e reforçá-las inconscientemente como fizemos no passado, podemos romper redes sinápticas antigas ou criar novas. Como podemos fazer isso especificamente?

O mais importante a se ter em mente é a "sensação". Quando você sente A, a rede sináptica correspondente a A é liberada, e quando você sente B, a ligação sináptica correspondente a B é liberada. Há duas maneiras de reconhecer essa sensação. A primeira, e mais básica, são os cinco sentidos, as sensações físicas. A segunda é emocional, que é o que chamamos de humor e sentimentos. Agora, quando surgirem lembranças, experiências ou mágoas ruins, tente o seguinte.

Primeiro, ele "separa e neutraliza o sentimento do passado" ao despertá-lo deliberadamente.

Quando a memória é reproduzida, ela é reforçada pela mente inconsciente, que simplesmente repete a experiência novamente e sente a mesma coisa. Podemos controlar nossa mente inconsciente com nossa mente consciente. Embora essas lembranças possam ser tão intensas que você não pode deixar de se lembrar delas. O segredo é ser intencional em relação a isso e dizer a si mesmo "Estou revivendo uma lembrança neste momento. Mas não vou deixar que isso aconteça novamente como aconteceu antes." Ao pensar intencionalmente nesse pensamento, você pode gradualmente enfraquecer seus sentimentos automáticos sobre o evento.

Inicialmente, a resposta antiga pode continuar a se repetir sem muita mudança, até que um limiar de mudança seja atingido, ou seja, até que a "mudança naquela sinapse" seja significativa o suficiente para desencadear uma reexperiência. A maneira mais eficaz de lidar com isso é reconhecer que é "apenas inércia". Quando penso naquela situação, naquela pessoa, ainda sinto dor, raiva, ressentimento, constrangimento, tristeza e assim por diante, mas é só porque o sentimento ainda está lá, e é apenas uma reação à liberação daquela sinapse.

Em segundo lugar, você não se importa se sente isso. Não damos importância a . Em primeiro lugar, somos nós que lhe damos importância.

À medida que sua re-consciência intencional se tornar mais clara, sua resposta emocional automática ao passado se tornará cada vez mais fraca. Não fique desanimado e desista. Você continuará a sentir emoções até que as conexões sinápticas sejam mais ou menos eliminadas. Isso é natural. Se ficar desapontado, você para, mas agora que sabe disso, se não ficar desapontado, pode continuar sem parar.

Sua resposta deve ser "Eu sinto isso, mas não me importo". Não damos importância a isso. Subconscientemente, acreditamos que, quando pensamos ou sentimos algo, é porque isso é importante. Portanto, você tem dado "importância" às coisas do passado que lhe vêm à mente, mas agora não está fazendo isso conscientemente. Isso não quer dizer que o evento passado em si não seja importante e que você deva ignorá-lo, mas sim que você deve parar com o hábito inconsciente de atribuir importância ao ato de pensar e sentir.

Terceiro, pense ou sinta deliberadamente sentimentos e situações neutros ou opostos. Embora os dois primeiros métodos sozinhos sejam suficientes para criar um efeito de autocura até certo ponto, a adição desse terceiro método torna a mudança mais robusta. Os dois primeiros métodos geralmente levam a esse processo por si só. Quanto mais você notar e despertar conscientemente as sinapses de ansiedade, frustração, ressentimento, vergonha, tristeza, raiva etc. do passado, em vez de permitir que elas sejam ativadas, mais elas se desconectarão ou enfraquecerão por conta própria. Além disso, essa neutralização e neutralização podem se tornar mais fortes. A frase comum "tudo bem não estar bem!" está relacionada a esse processo: não se trata de uma "afirmação geral", mas de uma ação muito específica que de fato muda a rede sináptica do cérebro.

Um "sentimento e estado neutro" também é um "sentimento e estado relaxado, calmo e seguro". Portanto, as técnicas de meditação que criam esse estado também são úteis. Quanto mais você cria esses estados e quanto mais os experimenta, mais fracas se tornam as memórias ansiosas e negativas anteriores (redes sinápticas).

Você pode dar um passo adiante, imaginando ou sentindo ativamente os sentimentos e situações opostos, às vezes chamados de "visualização" ou "imaginação". É uma forma de trazer deliberadamente à mente a experiência, memória, sentimento, emoção, etc. oposta, positiva e boa, em vez de repetir automaticamente as sensações e emoções ruins do passado quando a memória ruim é revivida.

Esse método não é fácil de ser feito por conta própria, portanto, talvez seja melhor procurar ajuda profissional. Um curandeiro ou conselheiro que saiba como fazê-lo lhe dará sugestões ou instruções específicas para ajudá-lo a sentir e vivenciar algo positivo e bom. Em seguida, com os olhos fechados, você acompanha o processo, sentindo e vivenciando esses sentimentos.

Agora, quando suas memórias e experiências desagradáveis surgirem e você for pego por elas, não as repita sem pensar. Em vez disso, considere isso como uma oportunidade de se conscientizar e mudar conscientemente.

Para mim, para minha vida, é algo a ser tentado.

◆◆◆

Resumo

Quando as memórias negativas surgem, você pode usá-las como uma oportunidade de cura. De acordo com a teoria da neuroplasticidade do cérebro, quando as lembranças são recordadas, as conexões sinápticas se afrouxam e podem ser reorganizadas. Você pode usar isso a seu favor de três maneiras

1) Desapegue-se e neutralize as emoções do passado,

2) Não dê importância às emoções,

3) Lembre-se intencionalmente de uma emoção neutra ou oposta.

Esse processo pode ajudar a reduzir o impacto das memórias negativas e promover a cura psicológica.

4.5 Como se libertar das emoções negativas

: As emoções perduram porque nos apegamos a elas

As emoções são um grande desafio para todos. Não se trata tanto das emoções em si, mas de como lidamos com elas e as controlamos. Como um aparte, um grupo de meditação ocidental acredita que os seres humanos são compostos de três corpos. O primeiro é o "corpo físico", aquele com o qual estamos mais familiarizados. Esse é o corpo físico. O segundo é o corpo emocional. Este é o corpo emocional. O terceiro é o corpo mental. Este é o corpo responsável pelo pensamento.

Deixando o misticismo de lado, é interessante pensar nos seres humanos como sendo compostos de três partes: corpo, emoções e pensamentos. Em termos de nossos cérebros, as partes mais profundas do cérebro, o tronco cerebral e a medula oblonga, correspondem ao corpo, o sistema límbico às emoções e o córtex aos pensamentos. Como podemos entender e gerenciar melhor o componente emocional que compõe nosso ser?

A natureza das emoções, seu papel na evolução, seu desenvolvimento e como elas se manifestam estão sendo cada vez mais compreendidos cientificamente por meio de pesquisas sobre a ciência do cérebro, influências hormonais e muito mais. Neste artigo, daremos uma olhada em como lidar com as emoções, especialmente as negativas, uma vez que elas já aconteceram, e o que você pode fazer para evitar sentir dor emocional semelhante no futuro. Em outras palavras, o tema é "lidar com as emoções".

- Não negue, pare ou tente mudar o que já está sentindo

A parte mais difícil de lidar com emoções negativas é que não é fácil pará-las ou substituí-las por outra coisa. Não, é quase impossível. O motivo é simples: a emoção literalmente "aconteceu". Do ponto de vista fisiológico, as redes neurais que causam a emoção já dispararam, os hormônios já foram liberados e a emoção já se espalhou pelo corpo. Não é possível mudar o fenômeno físico com a mente. Portanto, o primeiro princípio a ter em mente quando se trata de emoções é o seguinte

"Não negue, pare ou tente mudar o que já está sentindo.

Não se trata de saber o que fazer com o que está sentindo, mas sim de parar de tentar fazer algo a respeito e não querer fazer. Se você tentar fazer algo que é impossível, não funcionará, e isso causará dor secundária adicional. Já é difícil lidar com a emoção primária, mas você está criando uma emoção secundária. É uma perda em muitos aspectos.

No entanto, é mais fácil falar do que fazer para parar de tentar fazer algo a respeito de nossos sentimentos. Isso se deve às crenças e à teimosia de nossa mente. Ainda acreditamos que podemos fazer algo a respeito de nossos sentimentos e ainda insistimos em fazer algo a respeito deles.

Há uma frase que circula como uma citação de Einstein. "É insano continuar usando um método que já falhou uma vez e esperar que ele tenha sucesso." Não sei se ele realmente disse isso, mas é uma citação muito apropriada. Se você estiver fazendo um experimento científico, seria tolice continuar repetindo uma metodologia que falhou uma vez e esperar que tenha sucesso. O mesmo vale para lidar com as emoções. Se estiver funcionando, você deve continuar tentando, mas se não estiver, você só estará causando dor a si mesmo.

Outro motivo pelo qual você talvez não consiga desistir de tentar mudar suas emoções é que você não está permitindo que elas existam. Não estou me permitindo sentir essa emoção. Permitir que ela exista.

Um dos maiores comportamentos que nos atormentam na vida é negar a existência de algo que já existe. É claro que é legítimo negar coisas que precisam ser consertadas ou eliminadas, como contradições ou desigualdades em indivíduos ou na sociedade. Mas estamos falando de hábitos psicológicos pessoais. Não se trata apenas de emoções. Estou falando de pessoas e situações. Estou falando até de mim mesmo.

Por exemplo, há ocasiões em que temos um relacionamento com alguém da família, amigos, escola, trabalho ou outra comunidade de quem não gostamos ou com quem não nos damos bem. O maior erro que podemos cometer é negar a existência dessa pessoa. "Você não pertence a esta casa, a este círculo de amigos, a esta escola, a esta empresa, a esta igreja, a este templo, a esta comunidade acadêmica, etc.". "Não posso permitir que você esteja aqui!

Se eu tiver o poder ou a capacidade, posso atingir a pessoa. Às vezes isso acontece. Independentemente de eu poder ou não, há algo importante. O fato de que tanto você quanto a outra pessoa têm algum tipo de função na comunidade e têm sua própria posição única. Portanto, nem você nem a outra pessoa podem ser facilmente afastados ou eliminados. Não se trata apenas de uma questão individual, mas também de uma questão de construção coletiva até certo ponto. É como se você não pudesse simplesmente tirar qualquer peça de um carro. Se você começar a negar a outra pessoa por causa de sua própria posição e sentimentos pessoais, sua vida na comunidade se tornará difícil. É claro que isso também torna as coisas mais difíceis para a outra pessoa e, então, isso se torna um problema organizacional. Todos esses são efeitos colaterais de "negar a existência do que já existe". Isso acontece porque desejamos o impossível.

A melhor coisa a fazer é reconhecer a existência dessa pessoa. É uma questão de deixar ir e permitir. Mesmo que sua boca esteja amarga e seu coração não queira, já é um grande benefício parar de tentar fazer o impossível. Sua mente se acalmará gradualmente e encontrará espaço sem consumir energia desnecessária. Quando estiver livre, é mais provável que a solução certa para você, para a outra pessoa e para a comunidade como um todo surja naturalmente.

Não estou sugerindo que você aguente ou evite isso. Evitar não é a resposta em nenhum caso. Em vez disso, trata-se de aliviar sua mente para si mesmo. Assim, você poderá ver soluções mais abertas com olhos mais abertos.

Depois de fazer isso, a escolha é sua. Não há limites para as soluções que você escolher. Não é preciso ser gentil. Você pode cortar o contato com a pessoa, discutir com ela, dar conselhos ou transformá-lo em um bom relacionamento, ou ser indiferente, se necessário. Não importa se é negativo ou positivo, desde que seja da melhor maneira. Desde que você tenha a presença de espírito para permitir que a outra pessoa exista. Há uma grande diferença entre ter isso e não ter.

O motivo pelo qual essa história é um pouco longa é que meus sentimentos são assim. Substitua "meus sentimentos" por "a outra pessoa" e a situação é exatamente a mesma. Portanto, o que precisamos fazer para nos tornarmos "livres de emoções negativas" é o seguinte.

Não se trata de mudar ou parar as emoções, mas de não se importar em sentir qualquer emoção. Em outras palavras, trata-se de permitir que qualquer emoção seja o que ela é. Trata-se de aceitação. Aceitação. Não se importar. Não é negativo nem positivo, é apenas sentir. Sem se deixar levar por isso.

O "ok" aqui não é ok no sentido de "ok ou não ok", mas no sentido de abraçar e ir além de ambos. Em outras palavras, é semelhante ao termo zen budista "sem impedimento". Geralmente, o aspecto mais problemático dessa prática é "ficar preso na não-fixidade", ou seja, tentamos fazer algo que não é fixo em nossa vida diária ou em nossa prática, mas continuamos presos. E quando fico preso, fico desconfortável e ansioso, e fico preso novamente. A resposta para isso é, obviamente, "não ficar preso", o que significa "não se importar se eu ficar preso". Não importa se você fica preso ou não.

Essa é a mesma razão pela qual a maioria das pessoas se frustra ou desiste quando passa por um processo como o processo de "libertação das emoções negativas" descrito neste artigo. Eu fiz o que disse acima e ainda não está "tudo bem". Você seguiu as instruções para "sentir os sentimentos à medida que eles surgem e não tentar fazê-los desaparecer ou desejar que eles desapareçam", mas eles não desaparecem e ainda são desconfortáveis e difíceis. Então eu digo: "Ah, não está funcionando" e desisto.

Não estou falando em ficar bem, ficar melhor, ficar livre da negatividade, ficar bem. No momento em que você deseja isso, cai novamente na velha armadilha. Não se trata de ficar bem, trata-se de ficar bem. No final, é "ou está lá ou não está". É muito importante perceber isso.

Se você observar a intensidade das emoções que experimenta em uma escala de 1 a 10, se você costumava ter dificuldades com um 6 ou 7, agora está cada vez mais satisfeito em sentir um 6 ou 7. Não é que você não sinta nada, é que você está bem com o sentimento em si. Outra maneira de dizer isso é "disposição para sentir, disposição para experimentar".

Há algo mais importante. Quando não conseguimos processar nossa emoção primária e sentimos uma emoção secundária negativa, esse momento é tanto uma crise quanto uma oportunidade! Porque agora estamos vendo a emoção secundária, ou seta secundária, como ela realmente é. Esse é o ponto em que muitas pessoas tropeçam ou desistem, sem perceber o que realmente está acontecendo. Não vamos perder isso de vista.

- Não deixe que as emoções o dominem

As emoções secundárias são sentimentos de decepção, arrependimento, negação, medo, autorrecriminação e abandono que surgem quando a emoção primária não é processada ou resolvida adequadamente. "Por que estou me sentindo assim? Eu deveria ser capaz de lidar com essa emoção de alguma forma, mas não consigo. Por que não consigo? Por que tenho de continuar me sentindo assim?" Qual é o melhor curso de ação a ser tomado nessas situações?

Isso não é diferente do ponto anterior. Você só precisa parar de tentar "fazer algo" em relação à emoção negativa secundária. Basta deixá-la ser. Trata-se de senti-la, sem negatividade ou positividade. Esteja disposto a vivenciá-la. Simplesmente diga: "Ah, essa emoção secundária está acontecendo. Você não se livra dela, não a interrompe nem faz nada a respeito.

Isso é uma grande coragem. Ao mesmo tempo, você não se deixa levar por isso como fazia no passado. Não se trata de sentir decepção, preocupação, raiva, impotência, autoculpa etc. só porque você sentiu essa emoção. É apenas aceitar, permitir, permitir, permitir que ela exista. Por quê? Porque ela já existe.

À medida que esse processamento emocional secundário continua, a emoção primária diminui de intensidade. Você ainda sente a emoção, mas a ansiedade ou a angústia que a acompanha é reduzida. Não se trata de "desaparecer as emoções" ou "não senti-las". Não sentir nada não é nosso objetivo. Por que gostaríamos de ficar sem sentimentos e emoções depois de não sermos mais uma pedra ou um cadáver? Trata-se de sentir, mas não se importar com isso. Trata-se de estar bem com o fato de não estar bem, de estar disposto a aceitá-lo, de permiti-lo.

Estou sugerindo que você permaneça em seu estado atual de turbulência emocional? Não, não estou. É claro que não importa se você o fizer. É sobre isso que eu estava falando anteriormente. Mas se você começar a lidar com suas emoções adequadamente, conforme descrito aqui, elas desaparecerão. O que é? A "resposta incondicional às emoções". As reações impulsivas e inconscientes (emoções secundárias) às emoções que você sente (emoções primárias) tornam-se cada vez menos frequentes. E quando você começa a sentir emoções, mas não deixa que elas o incomodem, sua mente fica livre para dar respostas cada vez mais eficazes e práticas.

Portanto, não se preocupe se nada mudar muito no meio do caminho. Não importa o que façamos, as coisas continuarão a acontecer em nossa vida. Sentimentos fortes, conflitos emocionais, discussões, constrangimento, decepção, ansiedade, tristeza, raiva etc. voltarão a acontecer. Em vez de dizer: "Não consigo fazer isso", você pode dizer: "Ainda tenho muita inércia. Vamos parar ou nos livrar dela mais rapidamente. Como posso fazer isso?" e usar isso a seu favor. Quanto mais difícil e dolorosa for a experiência, mais você desejará sair do padrão.

A essa altura, você deve estar se perguntando.

"Certo. Vamos permitir a emoção primária, vamos permitir a emoção secundária, vamos senti-la, e depois? Se a emoção negativa não for embora, se você não conseguir se livrar dela, se não conseguir fazer nada a respeito, então qual é o objetivo de toda essa tentativa e trabalho? Não é um desperdício?"

Isso não acontece. Todas as sensações e sentimentos fisiológicos desaparecem naturalmente após um certo período de tempo depois de ocorrerem. Isso se deve à vida útil limitada das respostas neurais.

Isso significa que as respostas fisiológicas e neurológicas humanas, sejam elas respostas de cinco sentidos ou respostas emocionais desencadeadas por hormônios e pensamentos, têm uma vida útil. Algumas fontes estimam que esse tempo é de cerca de 90 segundos, mas, de qualquer forma, provavelmente não é tão longo quanto você pensa. No caso de um ferimento físico muito grande ou de um trauma psicológico grave, as sensações e os sentimentos dolorosos continuarão, e você deve tratar seu corpo e sua mente de acordo. Caso contrário, todas as sensações e sentimentos que normalmente ocorrem desaparecerão após alguns minutos. A atividade nervosa não pode ser permanente.

Por que tantas emoções nunca desaparecem?

Somos nós que estamos nos apegando a essas emoções, que morreriam naturalmente se as deixássemos ir embora. Nós nos apegamos a elas com apegos, pensamentos, lembranças, ruminações, emoções secundárias, desejos, ganância, arrependimentos, necessidades, crenças, etc. Quer nos entreguemos às emoções ou as neguemos, ainda estamos nos apegando a elas. Vamos parar de fazer isso.

- Seja proativo em relação ao seu melhor comportamento

Agora que você já fez o enfrentamento psicológico que discutimos, é hora de passar para o enfrentamento comportamental real. Permita-se sentir o que sente sem tentar negá-lo, impedi-lo ou mudá-lo, e lide com suas emoções secundárias, mas agora tome proativamente a melhor ação possível para superar, lidar ou mudar sua situação e circunstâncias!

A aceitação não significa que você não precisa fazer nada. Você só precisa ser proativo em relação à ação. Você pode se perguntar: se você vai agir de qualquer maneira, por que se preocupar em lidar com seus sentimentos em primeiro lugar? As ações que são motivadas por uma reação negativa à emoção que você está sentindo, um desejo de se livrar dela, provavelmente serão impulsivas ou não estratégicas, com resultados ruins.

A ideia é "lidar com suas emoções", ou seja, deixar que elas sejam o que são e, ao mesmo tempo, tomar todas as medidas práticas possíveis para mudar e resolver a situação. Assim, você poderá agir com mais calma e facilidade do que se estivesse preso às suas emoções. Por quê? Porque meu objetivo ou foco de consciência não está mais na emoção em si, mas na solução prática.

Tudo o que eu disse até agora tem a ver com o enfrentamento pessoal. Os problemas sociais e estruturais precisam ser ativamente tratados e corrigidos. Em geral, esses problemas estão além do escopo dos esforços individuais, portanto, não importa o quanto um indivíduo tente controlar suas emoções ou pensamentos, não há nada que ele possa fazer. Portanto, todos devem trabalhar juntos para superar as contradições. Isso é o que chamamos anteriormente de "lidar com o comportamento real".

Há uma última coisa a se pensar. Lembre-se de que não são apenas as emoções negativas que precisam ser tratadas, mas também as "emoções positivas".

A razão pela qual as emoções positivas são problemáticas é que tanto as emoções positivas quanto as negativas são "emoções" - são o mesmo fenômeno com polaridades diferentes. Se não percebermos que as emoções positivas também são "emoções a serem tratadas" e inconscientemente nos identificarmos com elas, assimilá-las e nos deixarmos levar por elas, estaremos fadados a ter uma reação semelhante às emoções negativas no futuro.

Isso não quer dizer que você deva ignorar, negar ou não aproveitar as emoções positivas, porque não deve. Mas, mesmo quando estiver desfrutando, saboreando e se deleitando com elas, reconheça que são "sentimentos" em tempo real. Trata-se de perceber que isso nunca é a verdade ou toda a verdade. Assim, você poderá fazer o mesmo com futuras emoções negativas.

Por exemplo, devemos nos proteger não apenas contra o ódio aos outros, mas também contra a adoração irracional. Devemos ter cuidado não apenas com os complexos de inferioridade autodepreciativos, mas também com os complexos de superioridade descontrolados. A mesma ideia pode ser aplicada tanto à tristeza quanto à alegria, ao ódio e ao amor, à infelicidade e à felicidade. É importante perceber que todas essas emoções relativas são o mesmo mecanismo de "emoção", diferindo apenas em sua polaridade.

Assim como as emoções negativas, as emoções positivas têm efeitos colaterais quando são excessivamente enfocadas. O primeiro é a dor quando a emoção positiva desaparece. Isso pode acontecer quando você se apega demais a uma emoção positiva. Em segundo lugar, pode levar a reações e mecanismos de enfrentamento não naturais. É fácil se deixar levar por emoções positivas e reagir de forma exagerada ou fora de contexto. É claro que as emoções positivas não precisam ser tão guardadas ou ansiosas quanto as negativas. Elas podem ser relaxadas, apreciadas e saboreadas. Basicamente, você pode tratá-las da mesma forma, usando os métodos descritos acima.

Para usar uma analogia, quer você use tinta branca ou preta, a cor da parede é a mesma. Isso não quer dizer que pintar seja errado ou que você não deva pintar, mas que você deve saber o que é "pintar (emoções)", como fazê-lo, o que deve ser observado e quais ações tomar.

◆◆◆

Resumo

A chave para gerenciar as emoções é não negar ou tentar mudar o que já está sentindo. Em vez disso, você deve aceitar e permitir que elas sejam o que são. As emoções secundárias devem ser tratadas da mesma forma. As emoções passarão naturalmente, mas elas persistem porque continuamos nos apegando a elas. É importante gerenciar suas emoções e, ao mesmo tempo, tomar medidas práticas para melhorar a situação. As emoções positivas devem ser tratadas da mesma forma, evitando a indulgência excessiva.

4.6 Como superar o medo instintivo do desconhecido

: O que é a luta ou fuga? - Dominando seus instintos primordiais

Os seres humanos são inconscientemente cautelosos ou temerosos em relação a coisas que não conhecem ou com as quais não estão familiarizados. O neutro "desconhecido" quase automaticamente se torna "temido".

Não é fácil ter uma reação favorável ou positiva a um objeto desconhecido. São necessárias experiências de crescimento, aprendizado intencional, treinamento e esclarecimento cognitivo para desenvolver essa reação. Mas não há nada de errado com isso. É uma resposta natural e instintiva que quase todos os animais têm. Na natureza, os animais devem se sentir naturalmente perigosos quando veem algo desconhecido. Poderia ser um predador perigoso. Provavelmente, isso também era necessário e útil para nossos ancestrais. Mas na vida civilizada e na vida cotidiana, não precisamos ficar muito presos ao "medo do desconhecido". Devemos ser capazes de perceber que esse é um sentimento instintivo e controlá-lo, pois há muito medo, dor e conflito desnecessários nessa reação.

Há algo que devemos lembrar. A diferença é natural. Na natureza, a mesma coisa não é natural e é rara. "Semelhante" também é diferente no final, porque é o mesmo e diferente em detalhes. É apenas o resultado da tentativa de encontrar a mesma coisa. Em outras palavras, é "diferença".

- Todas as pessoas são racistas?

Como seres humanos, há muitos objetos e situações que não nos são familiares. Isso pode ser verdadeiro para pessoas de diferentes idades, gêneros, classes, raças etc. e também para fenômenos sociais. Diferentes ambientes, diferentes religiões, diferentes culturas, diferentes crenças, valores e ética moral. Esse medo e essa rejeição são as principais causas de conflito entre indivíduos, grupos, sociedades e nações nas sociedades civilizadas modernas. Quando a reação negativa ao "outro" ultrapassa um limite, ela leva a vários conflitos físicos e não físicos e a guerras entre indivíduos e grupos.

O problema é que grande parte dessa tragédia decorre do erro cognitivo de presumir que a "negatividade instintiva que vem com a falta de familiaridade" é verdadeira, e não o problema real. Culpamos a outra pessoa pelo conflito, mas isso geralmente é apenas um pretexto para nossa própria resistência, medo e raiva inconscientes e internos.

Há um estudo neurocientífico fascinante que foi publicado sobre esse assunto. Um estudo padrão do cérebro chegou à conclusão de que "todo mundo é racista". Foram mostradas aos participantes imagens de pessoas de diferentes raças, enquanto suas respostas cerebrais eram registradas em tempo real por meio de fMRI. Os resultados mostraram que, independentemente da disposição habitual da pessoa em relação a questões raciais, todos ativavam determinadas partes do sistema límbico do cérebro que geram sentimentos de vigilância, tensão e negatividade. Em outras palavras, as reações racistas são a resposta instintiva de vigilância de todos em relação ao diferente e ao desconhecido.

Isso justifica o racismo e todas as outras formas de discriminação, cautela e medo do "desconhecido" e do "diferente"? Não, não justifica. Há uma reviravolta no experimento: após a resposta de vigilância inicial, houve uma diferença na resposta do lobo pré-frontal do cérebro, que é responsável pela razão.

Os que foram mais racistas no pré-teste continuaram a ter as mesmas reações negativas sem nenhuma resposta dos lobos pré-frontais, enquanto os que foram menos racistas ativaram os lobos pré-frontais para anular a rejeição instintiva, ou seja, cancelaram as reações instintivas com o poder da cognição racional. Os racistas foram menos capazes de aproveitar o poder da razão. Isso provavelmente se deve a diferenças pessoais, diferenças de valores e crenças aprendidas desde cedo e diferenças socioculturais.

Aqui está o ponto alto. Outro estudo semelhante analisou crianças que foram expostas a diferentes raças desde cedo e elas nem sequer tiveram uma resposta negativa do sistema límbico. Em outras palavras, é possível aceitar as pessoas que são diferentes de você como familiares e não como algo a ser temido.

Isso não se refere apenas ao racismo. O mesmo processo não acontece com outros gêneros, idades, sentimentos, pensamentos, crenças, valores, ética, religiões, filosofias, políticas, culturas, etc.? Podemos superar nossas reações negativas instintivas ao desconhecido, ao diferente, ao não familiar.

- Como se sentir confortável com o que não é familiar

O que você pode fazer especificamente para ir além da reação negativa instintiva ao desconhecido?

Sempre que você se sentir negativo em relação a qualquer coisa, "enfrente-a". Quer seja uma emoção, um pensamento, uma pessoa ou uma situação, evitar, reprimir ou virar as costas não resolverá o problema. O enfrentamento também pode ser descrito como "disposição para sofrer". Reconheça e perceba as coisas "como elas são, como elas são", sem entendê-las mal ou distorcê-las, para que você possa reagir adequadamente e sem processos desnecessários.

Talvez o motivo pelo qual um problema persista seja o fato de eu não o ver como ele é e não o enfrentar, por isso preciso passar pelo processo de identificação e insight. Esse é o principal processo de solução de problemas externos por meio da resolução da psicologia negativa.

Primeiro, reconheça que a diferença, a falta de familiaridade e o desconhecimento são naturais.

Não estou dizendo que você tem de aceitá-las ou aprová-las, isso vem depois, e é sua própria escolha aceitá-las ou não. Mas, primeiro, vamos reconhecer que em qualquer área haverá coisas diferentes, desconhecidas e não familiares. Muitos problemas, em primeiro lugar, são causados pela ideia de que "isso não deveria acontecer" é muito forte.

Em segundo lugar, reconheça os sentimentos e as reações negativas ao diferente, ao não familiar e ao desconhecido como "naturais".

Muitas pessoas não conseguem objetivar ou objetivar a reação negativa em si e, em vez disso, ficam presas a ela ou se identificam com ela. Elas então reagem automaticamente de forma negativa. Para romper essa conexão, precisamos perceber conscientemente nossas reações negativas instintivas. Algumas pessoas reprimem ou evitam a negatividade, mas, como eu disse, a repressão e a evitação nunca são soluções. Em algum momento, ela vai se manifestar.

Mais importante ainda, reconheça que suas reações negativas não são erradas, pecaminosas ou imaturas, são simplesmente respostas naturais e instintivas. Esse é o primeiro dos experimentos de fMRI que mencionei anteriormente. Essa sensação de bem-estar e reconhecimento é suficiente para dissolver grande parte da reação negativa e permitir que você passe para a próxima reação naturalmente.

Terceiro, não associe mais as reações negativas a "medo, cautela ou rejeição" imaginários.

Quando percebo que minha reação negativa é uma reação inconsciente que surge desnecessariamente, é hora de me desligar dela de forma deliberada e consciente, o que significa sentir e entender a reação instintiva do meu cérebro e, em seguida, usar conscientemente a função racional do meu cérebro. Trata-se de perceber que eu realmente não preciso usar a resposta negativa que senti em meu sistema límbico e simplesmente deixá-la ir. Trata-se de saber que "não é isso". Trata-se de saber que, embora você sinta isso, não é verdade, portanto, não se importe com o fato de sentir isso.

É ainda melhor se você puder dar um passo adiante e transformá-la em uma reação neutra ou positiva. É claro que nem sempre é fácil fazer isso com algo que você realmente não gosta ou detesta. Isso pode exigir aprendizado, prática, treinamento e repetição constantes. Mas temos o poder da mente para fazer isso. Vamos usá-lo para que possamos ir além de nossa cautela instintiva e do medo de pessoas, situações e todos os objetos desconhecidos.

◆◆◆

Resumo

Os seres humanos instintivamente temem o desconhecido, mas essa é uma reação primitiva que não é mais necessária. Pesquisas sobre o cérebro mostram que todos têm uma reação "racista" inicial, mas ela pode ser superada com o pensamento racional. Veja a seguir como superar seu medo do desconhecido

1) Reconhecer que as diferenças e a falta de familiaridade são naturais.
2) Reconhecer as emoções negativas como naturais.
3) Não associe reações negativas a medos imaginários.

Essa abordagem permite que você supere seus medos instintivos e reaja melhor.

4.7 Quanto eu estou 'disposto' a experimentar a mim mesmo?

: A arte da autoaceitação

Temos que nos perguntar.

"Quão 'disposto' estou a experimentar a mim mesmo?"

Caso contrário, o

Você deve fazer isso.

É uma vontade de me experimentar.

Como você deve ter notado

A parte importante aqui é "disposto".

Isso significa que, sem julgamentos positivos e negativos desnecessários e sem preocupações

Está frio, está seco, está "passando por isso", por assim dizer.

Não me entenda mal,

A palavra "voluntariamente" significa

Faça o que quiser, mas não use

Isso não quer dizer que você deva ser passivo.

Se você, os outros e o mundo

Se você tiver algo para fazer ou mudar

Vamos fazer isso. Sejam livres.

E ao longo do caminho

Você, outras pessoas e o mundo inteiro

Trata-se de estar disposto a experimentar e sofrer.

Trata-se de aproveitar a onda da experiência,
É um passeio pela caverna da experiência,
Ele o conduz pelo campo da experiência,
Trata-se de aproveitar o jogo da experiência.

Meu corpo, meus sentimentos, meus pensamentos, meu comportamento,
Meu ambiente, minha situação, minha própria existência.

Por tudo que vivencio em mim
Ignorante ou ignorante,
Evitar, suprimir ou
Sem distorcer
Estou "disposto" a vivenciá-lo primeiro, a aceitá-lo,
Reconheça, sinta e desfrute.

Primeiro, vamos dar uma olhada em meu corpo.
O quanto estou disposto a experimentar meu corpo?

Cada pessoa nasce com características corporais diferentes.
Algumas pessoas são altas, outras são baixas.
Algumas pessoas têm pele clara e outras têm pele mais escura.
Algumas pessoas têm cabelos lindos, outras têm cabelos crespos.
Algumas pessoas são grandes e outras são flexíveis.
Algumas pessoas têm um bom cérebro, outras têm boas mãos e pés.

Essa não é uma questão de quem é superior e quem é inferior.
É apenas variedade, liberdade e natureza.

Muitos diriam

Sonhar com um estado diferente daquele em que você se encontra
Você o inveja e se afasta de seu próprio corpo ao mesmo tempo.

Não é necessário.
A inveja só desperdiça energia minha vida.
O conto da carochinha diz que a inveja é
Ele também disse: "Faça-os sair do corredor em que estavam.
É uma visão sábia.

Não faça isso,
É o corpo com o qual você nasceu, o corpo com o qual você viverá pelo resto de sua vida.
Você só precisa estar "disposto" a vivenciá-la.
Se você não gostar 100% e
Mesmo que você queira características físicas diferentes,
Mesmo assim, estou disposto a viver com essa experiência.
Isso pode não ser fácil em alguns casos, mas o
Não é impossível.

"Disposto a experimentar" significa
Porque as condições são boas, porque eu gosto, porque é superior
Não se trata de uma experiência.

"Disposto a experimentar" significa
O que você gosta e o que não gosta,
Bonito e feio,
Superioridade e inferioridade,
Gosto e não gosto,
Independentemente de tudo isso, o

É uma experiência.

Aceite as condições e vá além delas

Isso significa que você está disposto a vivenciá-la.

Segundo, vamos dar uma olhada em minhas emoções.

Estou cuidando de meus sentimentos?

Estamos ignorando-o ou descartando-o como se não fosse um problema?

Minhas emoções, humores e sentimentos são

Para mim, é a "voz da vida",

Essa é a influência de outras pessoas e do mundo.

Ou você pode definir seu próprio

Você diz a si mesmo: 'Eu não deveria me sentir assim.

Ou eles podem ignorar ou desprezar a si mesmos e usar

Você está reprimindo ou evitando?

Você não deveria.

Não importa o que os outros e o mundo digam

Minhas emoções, meus sentimentos, são verdades universais para mim.

Observe que isso não significa que

Fico preso em minhas emoções, meu humor, fico preso em

Não estou dizendo que é o melhor e absoluto.

Em vez disso, é o dono da emoção que eu

Você se torna um escravo de suas emoções.

Basta conhecê-los "como eles são", senti-los,

Receber e cuidar.

Então, minhas emoções serão

Ela floresce por si só, cura-se por si só e passa por si só.
Na verdade, é impossível evitar que as emoções o dominem.
As emoções que já passaram
É apenas algo a que nos apegamos ou em que pensamos repetidamente.
Portanto, deixe para lá e reduza suas respostas de acompanhamento.

As emoções não são eu.
As emoções são uma maneira útil de viver
É apenas uma ferramenta.
Sou o mestre de minhas emoções e
Quaisquer que sejam as emoções que esteja sentindo e fluindo
Não vejo nada de errado.

Também,
Meus bons sentimentos e meu bom humor são bem recebidos.
Meus pontos negativos são
A quantidade de coisas que deixei de lado, ignorei ou não apresentei.
Não está conseguindo lidar com isso?

Não vamos fazer isso.
Preso a elas, influenciado por elas
Não estou dizendo para ser negativo.
As feridas em meu corpo são minhas
Como cuidar bem dele e curá-lo para torná-lo melhor.
As emoções e os sentimentos negativos que são as cicatrizes em meu coração.
Também é meu, portanto
Reconheça e aceite-a como uma ferida física,
Vamos cuidar bem deles e curá-los.

Ao me identificar com a emoção
Não se deixe levar por suas emoções nem se deixe levar pela
Como proprietário, esteja atento e seja sensível,
Se você for gentil com eles, se for gentil com eles, se os reconhecer.
As emoções passam e são liberadas.

Três, vamos ver o que eu acho.
Coloquei meus pensamentos em
Até que ponto eles estão dispostos a vivenciar isso?

Durante o dia de vigília
E agora, enquanto você está lendo isso
Os pensamentos estão sempre indo e vindo.
É quase uma função automática do cérebro.
Em vez do que eu pensava
Os pensamentos surgem por conta própria
Ela passa pela tela da minha consciência.

Estar disposto a experimentar pensamentos,
A primeira coisa é estar ciente de meus pensamentos.
O que estou pensando.
Em seguida, observe a estagnação de seus pensamentos.
Eu sou o mestre de meus pensamentos, não de meus pensamentos.
Que os pensamentos são apenas ferramentas minhas e da vida.

Portanto, quaisquer que sejam os pensamentos que vêm e vão
sem estar em negação ou preso em
Seja saudável, tenha orgulho e deixe seus pensamentos
Eles ficarão felizes em lhe dar experiência.

Portanto,

Em vez de reagir automaticamente à primeira coisa que vem à mente

Trata-se de aproveitar e usar esse pensamento.

Se esse pensamento for útil e você precisar dele, use-o bem,

Se isso vier à mente, mas não ajudar

Deixe para lá.

Então o pensamento passa.

Se eu não o pegar, ele passa.

É claro que os pensamentos desnecessários podem continuar voltando.

E eles dirão: 'Ah, lá vem você de novo.

Não tenho nenhum sentimento negativo ou positivo em relação a ele, apenas o deixei ir.

Foi bom vê-lo novamente, adeus.

Porque não sou eu.

Quanto mais disposto eu estiver a vivenciar meus pensamentos desta forma

Tornei-me cada vez mais o mestre de meus pensamentos, usando-os e

Você não será enganado por seus pensamentos.

Quatro, observar meu comportamento, o ambiente e a situação.

Você só precisa fazer bom uso de uma regra.

É uma distinção entre o meu trabalho e o trabalho de Deus.

Somos responsáveis pelo significado e pelas consequências de nossas ações.

Preocupar-se demais.

Estamos fazendo um bom trabalho?

Isso faz sentido?

O resultado será bom, etc.

O mesmo vale para as pessoas e situações ao seu redor.

Como os outros reagem,

Os sentimentos, pensamentos e comportamentos dos outros

Desejo que as coisas sejam do jeito que eu quero que sejam.

Outros ambientes e situações que o cercam também são

O melhor que posso

Você quer que ele seja estruturado e fluido.

No entanto, não podemos usar "my work" e

Fazer coisas que não são da sua conta ou que não são "da conta de Deus".

Deve-se fazer uma distinção clara.

A "obra de Deus", nesse contexto, é

Não estou falando de nada religioso.

Qualquer coisa que não seja "meu trabalho".

Sobre as consequências de suas ações, outras pessoas, ambientes e situações.

Não temos nada a ver com isso,

Até mesmo as coisas sobre as quais não posso fazer nada

Você assume arrogantemente que é "meu trabalho" e acha que

Você está inquieto e não sabe o que fazer.

As coisas de Deus que não posso tocar
Quando você começa a fazer disso seu negócio
Nossa dor começa.
Eu só faço "meu trabalho",
Somente o que eu posso fazer
Faça o melhor que puder.
O próximo "ato de Deus" é
Deixe isso para os deuses.
Ele também precisa ter algo para fazer.
Dê a ele.

Então, tudo o que não for meu será
Ele seguirá o fluxo.
Lembre-se sempre dessa sabedoria de vida.

Por fim, vamos dar uma olhada em minha presença.
Meus sentimentos, pensamentos e comportamentos de antes
A soma de todos os totais acima
É a minha existência.

Estou disposto a experimentar meu ser completo?
Ou talvez você aceite algumas partes, mas não a
Algumas partes estão em autonegação
Você está evitando-o, ignorando-o, fingindo que ele não existe?

Se é que isso existe
Agora, se você estiver disposto a experimentá-los um a um e
Vamos assumir o controle.

É claro que, se você quiser mudar as coisas para os outros e para o mundo
Vamos fazer tudo o que pudermos para mudar isso também.
É um direito que todos nós merecemos e um
Porque é nosso dever.
Respostas e ações proativas também são
A disposição para a experiência está incluída.

Ao mesmo tempo, o
Independentemente dos outros e do mundo
Coloquei todos os meus
Viva uma vida de disposição para experimentar.

E o
Por fim, o
Outros e o mundo
Abraçar de bom grado
Esteja disposto a abrir mão.

◆◆◆

Resumo

Estar disposto a experimentar a si mesmo é a chave para a autoaceitação. Isso significa experimentar a si mesmo como você é, sem julgamento. Esse processo envolve todos os aspectos de si mesmo: seu corpo, emoções, pensamentos, comportamentos e ambiente. O ponto importante é vivenciá-lo "de bom grado", o que significa aceitar todas as condições, independentemente de gostar ou não gostar. Também é importante distinguir entre os seus assuntos e os assuntos de Deus, para que você não se preocupe desnecessariamente com coisas que não pode controlar. Em última análise, ao estar disposto a experimentar e aceitar todo o seu ser, você viverá uma vida mais rica.

Capítulo 5 Para aqueles que sonham em ser protagonistas dos relacionamentos

5.1 Uma mensagem para aqueles que dizem não ser protagonistas

: Desfazendo o mito do protagonista - Mudando o foco de protagonista para diretor de sua vida

Um músico está tocando em um salão de música sofisticado.

Ela está tocando um lindo violoncelo.

O público fica hipnotizado com a apresentação.

Nessa situação, o

Quem é o herói?

Ninguém é o protagonista.

Ao mesmo tempo, todos são protagonistas.

Escolha um protagonista, se necessário.

Entretanto, não faça isso se não for necessário.

Serei o herói se você precisar de mim.

Se não precisar dele, faça com que outra pessoa seja o personagem principal.

Portanto, não há protagonista,

É apenas uma configuração que pode estar presente ou ausente.

Seja você um artista, membro da plateia, membro da equipe ou qualquer outra pessoa, o

Independentemente da qualificação ou restrição de "protagonista",

Quer você se considere um protagonista ou não

Você pode ser confiante e não se desculpar.

O mesmo acontece em nossos relacionamentos, nossas vidas e nosso trabalho.

Nós temos,
Além de herói ou vilão
Ele é o mestre de todas essas configurações.

Nos relacionamentos, no trabalho e em nossa vida diária, estamos constantemente tentando descobrir quem é mais importante, mais centrado, mais significativo, etc. Às vezes fazemos isso em voz alta, às vezes em particular, às vezes conscientemente, às vezes inconscientemente.

É possível fazer essa distinção entre duas pessoas em um relacionamento, ou mesmo entre alguns amigos. Sem falar em grupos. É um tipo de "comparação mental", ou o ato de determinar o significado ou o valor de uma pessoa.

O hábito da comparação não é exceção. Mesmo que você seja um "protagonista" invejado por todos, quando você se reúne com um grupo de pessoas semelhantes a você, você perguntará quem é o novo protagonista e se você pode se tornar um. Esse também é o caso do problema de suicídio de estudantes em universidades de prestígio nos EUA. Quando as pessoas que foram tratadas como as melhores em suas respectivas posições se reúnem em um só lugar, elas instintivamente comparam quem é o personagem principal, e aqueles que sentem que não são o personagem principal acabam escolhendo a morte devido à pressão e ao estresse da capacidade, posição e existência.

Essa "vida versus comparação" é um jogo mental jogado em toda parte.

Pense nisso.

O que são essas configurações chamadas de "protagonista" e "não-protagonista"?

Isso tem significado e valor reais?

Alguém pode dizer: "Não estou interessado em ser o personagem principal de nenhum relacionamento, grupo ou situação. Não estou realmente interessado em ser o centro das atenções em nenhum relacionamento, grupo ou situação". Mas a palavra "centro das atenções" é um tipo de expressão simbólica. Significa "aquele que é mais significativo, aquele que é mais importante, aquele que é mais valioso, aquele que é tratado melhor", etc. Não há muitas pessoas que não se importem com essas coisas.

Ao contrário, você pode dizer: "E se eu estiver sendo exigente? Isso não é uma suposição cognitiva? Sim, é. Pode ser natural. O problema é quando a mente sofre por causa disso. Se não há preocupações, dificuldades ou reclamações, então não há problema. Por outro lado, se você está incomodado por ser o protagonista, se está incomodado e se algo o incomoda, então você precisa resolver o problema.

A primeira resposta é a seguinte.

Em qualquer momento da vida, em qualquer situação, não há herói.
Portanto, não há não-protagonistas.
Estamos sempre presentes e orgulhosos, independentemente disso.

Não é que não haja um protagonista, é que não existe um protagonista. É que ele não se importa com esse conceito. Ele não se importa, não é afetado. Em outras palavras, vai além do nome "protagonista", que é um nome dado a alguém que é mais importante, significativo ou valioso em primeiro lugar, e do próprio ato de discernimento. Trata-se de perceber que isso é necessário, mas não absoluto. Não importa se há um protagonista de fato ou não. Qualquer pessoa pode e deve fazer isso, se necessário.

Definitivamente, há pessoas que são mais ativas, que sabem mais, que são mais proativas, que são mais importantes. O que isso significa? Sim, há pessoas assim. Mas rotulá-las com um nome como "protagonista" não tem nada a ver com quem elas realmente são. O mesmo vale para os não-protagonistas. Se não há protagonista, não há não-protagonista. Somos quem somos, com ou sem essas restrições, configurações e limitações.

Se você é um pouco melhor ou um pouco pior, é assim que as coisas são, e não há necessidade de se sentir muito orgulhoso ou intimidado por isso.

O que realmente nos preocupa não é quem está no comando, mas o sentimento e o pensamento de que "eu não estou no comando" ou "eu não sou importante". Ninguém está isento dessa psicologia. Especialmente quando você é o "não-protagonista", ou "ninguém", em um lugar após o outro, especialmente em seus relacionamentos, você se sente deprimido, psicologicamente retraído, autodepreciativo, autodesapontado, desamparado, incompetente e solitário.

Por exemplo, as celebridades geralmente sofrem de transtorno do pânico. Trata-se de uma condição na qual o senso de identidade de uma pessoa se torna excessivamente inflado quando ela está sob os holofotes e depois desaba quando as pessoas param de torcer por ela. Às vezes, isso se deve à ansiedade, como, por exemplo, "e se eu estiver sendo reconhecido agora e depois descobrirem que não sou bom em nada?".

Esse é um problema que não afeta apenas os adultos da sociedade, mas, recentemente, as crianças também se tornaram vítimas dessa psicologia negativa. Pesquisas demonstraram que as crianças na Coreia sofrem de "sentimentos negativos sobre si mesmas", especialmente devido à comparação e à competição, em uma proporção muito maior do que as crianças em outros países. Elas sofrem desnecessariamente.

Todos nós temos habilidades, gostos e inclinações diferentes, e todos nós temos experiências de ser "menos importante" aqui e ali. O mesmo vale para a experiência de ser "mais importante". Não há nada de errado com isso em si. É o estabelecimento consciente, a discriminação e a comparação entre "a pessoa principal, mais importante e significativa" e "a pessoa menos importante" que cria o problema.

A analogia é que eu estou em um chão branco sem nada desenhado e, de repente, eu ou outra pessoa desenha um círculo ao meu redor e eu me vejo preso dentro dele. Um círculo chamado "protagonista" e, às vezes, "não-protagonista". Você pode sair do círculo se não precisar, mas não consegue. Não é que você não possa sair, é apenas que você acredita que não pode. Além disso, você não precisa necessariamente se livrar do círculo. Você só precisa perceber que não importa se ele está lá. Trata-se de usar o círculo a seu favor.

Há um experimento famoso conhecido como "experimento do frasco de vidro". Uma mosca é colocada dentro de um frasco de vidro e a abertura é coberta com uma placa de vidro. A mosca tenta sair várias vezes, mas a cada vez ela bate no vidro. Por fim, a mosca fica presa dentro da jarra. Em seguida, remova o vidro. A entrada agora está aberta, mas a mosca ainda consegue chegar até certo ponto antes de voar de volta para dentro do frasco, não para fora.

Esse é um experimento real, mas também é uma metáfora em si. Sobre as "placas de vidro da mente" que acreditamos que "não podem sair", em vez de realmente não saírem.

- Novamente, quem é o protagonista?

Vamos voltar à cena do violoncelo no início.

Quem é o herói?

Se o recital for muito importante para o artista, faça dele o personagem principal. Se for uma festa de aniversário, uma recepção de casamento ou para um público especial, a pessoa ou o público será o personagem principal.

Novamente, isso depende da situação e de suas necessidades.

Não há necessidade de negar, rejeitar ou dizer que o protagonista é um cenário. Se você precisar dele, crie-o e use-o, mas se não precisar, perceba que ele é "apenas um cenário". Quanto mais claramente você perceber isso, mais reações desnecessárias desaparecerão lentamente.

Por um lado, estou pensando.

O que é um concerto sem um público? Sem os artistas, que razão teria o público para estar lá? O mesmo vale para a equipe do evento. E os instrumentos e, o mais importante, o som? O concerto é o resultado de tudo isso. Nenhum dos elementos pode existir de forma independente. Dividi-los em artistas, público, equipe, instrumentos e assim por diante é apenas uma questão de conveniência. Todos são necessários ao mesmo tempo, portanto, a distinção entre protagonista e não-protagonista é essencialmente sem sentido.

De certa forma, cada evento em nossa vida é um novo recital de violoncelo. Relacionamentos, famílias, amigos, reuniões, escolas, empresas, comunidades e todos os fenômenos, relacionamentos e coisas que acontecem lá, vamos estar dispostos a vivenciá-los como eles são. Não fiquemos presos em ambientes desnecessários, em círculos sem sentido, atrás de um vidro que não está lá, e saibamos que não importa se estiver.

Nós somos os criadores de todas essas configurações e círculos, não somos nós que ficamos presos neles. De fato, é impossível ficar preso. Até mesmo o cenário do "protagonista".

◆◆◆

Resumo

O conceito de "protagonista" é, na verdade, sem sentido. Você não precisa designar alguém como protagonista em todas as situações, e só pode fazer isso quando necessário. O que importa não é quem é o protagonista ou não, mas que todos possam se sentir confiantes e orgulhosos em seu papel. Nós somos os mestres desses papéis e precisamos parar de fazer comparações e distinções desnecessárias. Cada aspecto da vida é como tocar um novo violoncelo, todos os elementos são necessários e importantes ao mesmo tempo, e nós somos os criadores dessas configurações e limites, portanto, devemos vivenciar nossa vida com liberdade e confiança.

5.2 Não se venda por pouco

: A arte do autorrespeito - corpo, emoções e pensamentos

Se você sentir que está sendo ignorado por alguém ou pelas pessoas às quais normalmente pertence, há algo que deve ser observado primeiro.

Normalmente, culpamos os outros ou a situação. Outras pessoas e circunstâncias estão me ignorando quando, em minha mente, estou pensando, expressando e agindo corretamente.

A responsabilidade por tudo o que tem a ver com "mim" é exatamente 50/50: metade é minha responsabilidade e metade é responsabilidade externa. E as duas estão inextricavelmente ligadas, portanto, quando uma muda, a outra muda com ela. (Nesse sentido, pode-se dizer que sou 100% responsável).

Se você sente que está sendo menosprezado e desrespeitado por outras pessoas em sua vida, em vez de ser tratado com respeito e maturidade, a causa é bem simples.

Isso ocorre porque, em primeiro lugar, é você quem continua se oferecendo "barato".

Isso não parece óbvio demais? No papel, sim. Mas a maneira como vemos isso é diferente. Há muitos tipos diferentes de "barateamento" de nós mesmos para os outros e para o mundo. Considere três áreas: corpo, emoções e pensamentos. Às vezes, todos os três acontecem ao mesmo tempo, às vezes apenas um.

Quando você cede seu corpo, está literalmente permitindo que outras pessoas façam o que quiserem com ele. É claro que isso não significa que você se permite ser tocado ou molestado. Estou falando de todas as atividades e comportamentos que você faz com seu corpo em sua vida.

Revelar suas emoções é baratear seus sentimentos e suas reações. É barateá-los. Para mim mesmo. Assim, as outras pessoas não levam em conta seu lado emocional ou o ignoram. Não há motivo para os outros valorizarem o que você valoriza.

Não estou sugerindo que você se torne uma pessoa egoísta que só é fiel aos seus sentimentos e os valoriza. O que estou dizendo é que primeiro você deve reconhecer que suas emoções são uma parte importante de sua vida e de seus companheiros, e que você deve senti-las, reconhecê-las, expressá-las e liberá-las.

Se você não cuidar de seus próprios sentimentos primeiro, os outros presumirão que você não sabe ou não se importa. Infelizmente, nenhum de nós é telepático. Assim, as outras pessoas, sem querer, desconsideram você e seus sentimentos. Elas pensam que você é barato.

Por fim, dar uma ideia é estar muito ligado ou apegado aos próprios pensamentos, opiniões ou pontos de vista para expressá-los objetivamente. Portanto, é importante ser capaz de expressá-la e apresentá-la bem o suficiente para receber seu "valor" como um "fator objetivo" que beneficiará você e outras pessoas.

É fácil de entender com um exemplo. Por exemplo, A quer escalar uma montanha. B mora na frente da montanha. C mora à esquerda da montanha e eu moro atrás da montanha. Agora, B, C e eu dizemos a A coisas diferentes sobre a localização da montanha para ajudá-lo. Se A for sábia, ela poderá ouvir os três e descobrir exatamente onde fica a montanha. E se eu não expressar meus pensamentos adequadamente, priorizando os pensamentos de B ou C em detrimento dos meus próprios pensamentos? Isso pode causar problemas. Meus pensamentos também precisam ser expressos ou apresentados de uma forma que os valorize como "fatores objetivos" que ajudarão os outros. Tanto para mim quanto para os outros.

Vamos colocar um preço em nossos corpos, emoções e pensamentos primeiro, e depois colocar um preço nos outros e no mundo, e deixar que os outros coloquem um preço em nós.

◆◆◆

Resumo

O hábito de se desvalorizar pode se manifestar em três áreas: seu corpo, suas emoções e seus pensamentos. Isso pode incluir tratar mal seu corpo, negligenciar seus sentimentos ou não expressar seus pensamentos. É importante reconhecer e expressar seu próprio valor. Isso não significa ser egoísta, mas sim valorizar todos os aspectos de si mesmo e expressá-los adequadamente. Os outros o respeitarão tanto quanto você se respeitar, e você também deve reconhecer o valor dos outros.

5.3 Como lidar com 'opiniões contrárias' que nos perturbam

: A arte de responder, não de reagir

A discordância sempre é dolorosa. Como você reage e lida com isso quando alguém discorda de suas opiniões, pensamentos ou expressões? Até mesmo os melhores amigos podem discutir por causa de uma única discordância, e sua discordância pode magoar a outra pessoa e acabar com o relacionamento.

Hoje em dia, há muitas oportunidades de expressar nossas opiniões nas mídias sociais, e igualmente muitas oportunidades de receber reações a elas. Às vezes, há um pouco de briga, com opiniões opostas que podem ser um pouco "amargas". É claro que o mesmo acontece off-line.

A primeira coisa que acontece quando se enfrenta uma oposição é uma "resposta fisiológica". Essa é a reação física do corpo. É uma resposta excitatória do sistema nervoso autônomo, principalmente a resposta de tensão e a resposta simpática. Dependendo dos mecanismos fisiológicos com os quais cada pessoa nasce, o grau e a intensidade da reação variam. De repente, os músculos de todo o corpo podem ficar tensos, uma vaga sensação de desconforto pode surgir na parte inferior do estômago e o coração pode bater forte no peito. Seu rosto também pode ficar corado e ardendo. Além dessas reações fisiológicas, você também pode ter sensações de desconforto, frustração e raiva.

Todas essas reações são perfeitamente naturais. Não é porque eu tenha a mente pequena, seja fraco, arrogante, jovem ou estúpido. É o que qualquer ser vivo sentiria.

É claro que a resposta fisiológica e psicológica inicial pode um dia ser enfraquecida pelo treinamento ou pela percepção, mas esse não precisa ser o objetivo. Até mesmo uma ameba, um organismo unicelular, tem uma reação quando se choca com algo. As reações são tão naturais que seria estranho não tê-las.

Há também evidências da neurociência. As pesquisas mais recentes mostram que as partes do cérebro que respondem a obstáculos psicológicos e físicos são as mesmas. A mesma parte do cérebro que reage quando uma pessoa encontra um obstáculo físico na estrada é a mesma parte do cérebro que reage quando uma pessoa encontra uma ameaça abstrata, psicológica, oposição ou obstáculo à sua religião, ideias ou grupo.

São as reações secundárias que são mais importantes: nossas reações secundárias às nossas respostas fisiológicas e psicológicas. Como reagimos aos sentimentos naturais de conflito e resistência que surgem quando nossos pensamentos avançam e se chocam com outros pensamentos.

A mais problemática das reações secundárias são as "reações emocionais" secundárias. As respostas fisiológicas primárias são sinais puros, nem bons nem ruins, mas nós os interpretamos e os sentimos principalmente de forma negativa (especialmente em oposição). Essa "interpretação e sentimento negativos" se torna nossa resposta secundária.

A primeira reação é literalmente a primeira reação pura. É o que acontece quando dois objetos de direções diferentes colidem, portanto, é apenas aceitar, reconhecer, aceitar e abraçar as coisas como elas são, como elas se sentem. E não se preocupar com a reação em si. Você simplesmente a "usa". Como uma ameba, há algo à sua frente e você pode pular sobre ele, contorná-lo ou voltar para o outro lado. Essa é a resposta.

Ao contrário da primeira reação, que é inevitável, a segunda reação é controlável, o que significa que pode ser melhorada por nossos esforços. Se não funcionar, podemos tentar novamente na terceira e quarta rodadas.

Normalmente, a principal reação à força maior é tentar fazer algo a respeito ou se recusar psicologicamente a aceitá-la, o que leva a todos os tipos de problemas. Todas essas são reações secundárias. Observe o seguinte: a reação secundária é, em si, uma recusa em reconhecer a reação primária natural como natural. São todas reações que ocorrem porque a reação primária "precisa ser tratada". Isso é tão insidioso que passa quase despercebido.

A reação secundária mais comum à oposição é um sentimento negativo sobre si mesmo: "Sou bom o suficiente? Sou insignificante? O que fiz de errado? O que eles veem em mim? Será que não me reconhecem?" e assim por diante. Oposição, conflito e resistência não têm nada a ver com "eu". É apenas outro pensamento colidindo com outro pensamento. É claro que há um processo de identificação com o pensamento como a entidade que o mantém e expressa, mas, independentemente disso, o pensamento não sou eu. Muitas pessoas desenvolvem a situação relacionando a opinião contrária ao seu "eu" em vez de ao seu "pensamento", e então ficam confusas.

Por exemplo, eu jogo uma bola e a bola de outra pessoa bate na minha bola. Posso ficar com raiva ou ofendido com o acontecimento inesperado. Mas, basicamente, a bola é a bola e eu sou eu. Talvez eu tenha que devolver a bola, mas o "eu que jogou a bola" essencialmente não tem nada a ver diretamente com a colisão.

Outra reação secundária é um sentimento negativo em relação à outra pessoa: "O que é esse cara, por que ele me odeia, por que ele é tão negativo, por que ele pensa tão pouco, por que ele é tão esquisito, eu vou me vingar dele, vejo você mais tarde, você está acabado", e assim por diante.

Para usar outra analogia, os pensamentos expressos pela outra pessoa são a bola que ela joga. Assim como a pessoa não é a bola, os pensamentos da pessoa não são a pessoa. Geralmente atacamos "essa pessoa", odiamos ou ficamos com raiva dela, e então nos confundimos novamente.

É claro que, em alguns casos, não se trata apenas de expressar uma opinião, mas de algo sério. Nesses casos, você precisa ser proativo e agir. Não me entenda mal, não estou sugerindo que você não faça nada. Este artigo fala sobre como é melhor tomar a melhor atitude, mas sem deixar de levar em conta seu coração.

A maior parte das divergências que encontramos em nossa vida diária é "apenas uma diferença de opinião". As diferenças de opinião raramente criam novas situações problemáticas. No entanto, somos incapazes de tolerar e aceitar até mesmo as "diferenças de opinião". Isso se torna um tipo de ditadura mental. Se você tivesse o poder, talvez quisesse destruir ou excluir todos os outros pensamentos. Você já se tornou um ditador em sua própria mente. É claro que, desde que eu não expresse isso no mundo real, isso não me incomoda, mas me incomoda.

Portanto, como vimos, há dois pontos para combater a objeção.

Em primeiro lugar, aceitamos, entendemos e reconhecemos as reações primárias de conflito e resistência como naturais, para que não passemos a reações subsequentes desnecessárias.

Em segundo lugar, trate adequadamente as reações secundárias, que são interpretações e sentimentos adicionais da reação primária. Esteja disposto a vivenciar as coisas como elas acontecem. Em outras palavras, torne-se indiferente. Deixe acontecer ou não acontecer, deixe ser, deixe fluir e passar naturalmente. Observe que você não está controlando, mudando ou eliminando diretamente a reação secundária. Essa intenção é, por si só, uma reação secundária. O segredo é ver as reações secundárias não gerenciadas e não controladas com a mesma naturalidade com que veria as reações primárias. Depois de fazer isso com sua mente, você pode fazer o trabalho externo real.

◆◆◆

Resumo

Há dois pontos-chave sobre como lidar com opiniões conflitantes. Primeiro, você precisa aceitar e entender as reações fisiológicas naturais de conflito e resistência. Isso evita reações de acompanhamento desnecessárias. Segundo, você precisa lidar com as reações secundárias, que são interpretações e sentimentos adicionais sobre a reação primária. É importante aceitar as reações secundárias como elas são e ser indiferente a elas. As reações secundárias não controladas devem ser vistas como tão naturais quanto as reações primárias. Ao mesmo tempo, os comportamentos externos devem ser tratados conforme necessário. Essa abordagem ajudará a reduzir conflitos desnecessários e o estresse causado por opiniões conflitantes.

5.4 Não seja mais uma 'pessoa fácil de manipular'

: Além da moldura - Construindo independência e confiança

De certa forma, a vida é um jogo interminável de enquadramento. Por "enquadramento" quero dizer "enquadramento mental". É uma batalha de quanto você pode prender a outra pessoa em sua moldura, ou o quanto você pode se libertar da moldura da outra pessoa.

As molduras existem em todas as áreas da vida. Tudo, desde sua autoimagem, seu ambiente, seu valor, suas habilidades e sua existência, seus valores, sua perspectiva sobre o trabalho, sua perspectiva sobre os relacionamentos e a vida, suas várias visões morais, éticas, religiosas, filosóficas e científicas. Em resumo, é "um ponto de vista particular em todas as áreas".

Em teoria, vencer uma guerra de frames é simples. Você não é pego pelo enquadramento de seu oponente. Não fique preso a ele. É fácil dizer isso. Mas, na realidade, as pessoas e as situações podem atraí-lo sem aviso prévio. É como um feitiço mágico.

Por quê? Porque ignoramos os seguintes fatos

As estruturas não são "fatos absolutos". São apenas "estruturas de pensamento".

Os enquadramentos apresentados por outras pessoas e pela sociedade são apenas "seus enquadramentos". Pode haver outros enquadramentos que sejam mais verdadeiros, ou mais práticos e significativos, dependendo da situação. E o fato de elas serem externas não significa que você deva rejeitar todas elas. Se um quadro for objetivamente mais preciso ou benéfico do que o meu, devo estar disposto a aceitá-lo e usá-lo em meu benefício.

O problema é quando isso não acontece. Muitas vezes me vejo preso em uma estrutura que é insistida ou imposta a mim de fora, mesmo que não seja útil, imprecisa ou até mesmo errada. Não, "preso" não é a palavra certa. É mais como se eu estivesse "me colocando nessa moldura".

Há um processo muito insidioso em ação aqui. Ele se origina dos hábitos humanos de conversação, em que quase automaticamente presumimos que o que a outra pessoa diz é verdade. Isso contribui para um diálogo tranquilo e útil. Mas, tecnicamente, é uma "configuração" que criamos para nós mesmos. Optamos por fazer isso para facilitar o diálogo e a comunicação. Em algum momento, esquecemos que essa escolha é nossa e começamos a presumir que o que a outra pessoa diz é inerentemente importante, absoluto ou verdadeiro. Essa é uma resposta automática inconsciente.

O problema é que fazemos isso sem pensar, mesmo quando não é necessário.

Continuamos a ver a moldura que a outra pessoa nos apresenta como importante e absoluta, e muitas vezes fazemos isso mesmo quando não precisamos pensar ou falar dentro dessa moldura. Fazemos isso porque já temos esse hábito e parece natural. Mas se você seguir esse padrão mecanicamente, em algum momento se verá preso na estrutura da outra pessoa, mesmo quando isso não for necessário. Você fica preso. Não porque a estrutura da outra pessoa seja poderosa ou especial, mas porque "escolhemos fazer isso". Esse é o aspecto mais importante a ser observado.

É um truque evolutivo. É um tipo de truque evolutivo, porque você não quer ter que se esforçar muito para criar uma moldura e quer aproveitar as boas molduras que a outra pessoa lhe oferece. É um tipo de eficiência, mas sempre haverá enquadramentos desnecessários ou prejudiciais para você e, se você os aceitar cegamente por uma questão de conforto, acabará tendo efeitos colaterais.

- Determinar se o quadro da outra pessoa é utilizável

O que fazemos com os quadros que nos são apresentados é, de certa forma, uma questão de pura escolha. Na maioria das vezes, esse mecanismo acontece de forma inconsciente, portanto, precisamos torná-lo consciente. Ao torná-lo consciente, você pode determinar ativamente qual escolha é mais inteligente e útil. Esse é o efeito de "tornar consciente o inconsciente".

Sempre que você se deparar com uma estrutura externa, considere estes dois princípios

1. responder ao quadro de referência da outra pessoa quando necessário. Pense, reaja e aja de acordo.

Não reajo no quadro da outra pessoa se isso não for necessário para mim. Eu me torno indiferente ou ofereço um enquadramento diferente.

Essas duas coisas lhe pouparão muita frustração quando você for pego de surpresa pelas palavras ou intenções de alguém e se tornar o "cara fácil" em sua vida.

Não há nada de errado em valorizar o que a outra pessoa diz e seu quadro de referência, como no item 1, e construir um diálogo em torno disso. É um desenvolvimento evolutivo da comunicação humana. É uma maneira muito útil e sábia de se comunicar. Portanto, é uma coisa muito boa a se fazer, e é algo que precisamos desenvolver cada vez mais nesta era de empatia. Dessa forma, podemos entender melhor a outra pessoa e o mundo ao nosso redor e reagir de forma mais eficaz.

Mas isso não é suficiente. Se isso foi tudo o que você fez no passado, tente ser indiferente a enquadramentos desnecessários, como no ponto 2, ou melhor, tente apresentar um enquadramento diferente. Não se trata de ego ou competição. Em vez disso, trata-se de tentar tornar a situação mais eficiente e eficaz. Tanto para você quanto para a outra pessoa.

Nem todos os quadros que me são apresentados estão corretos e nem todos são apropriados. Naturalmente, precisamos examiná-los quanto à precisão, validade, razoabilidade e adequação. Embora tenhamos evoluído para valorizar e prestar atenção ao que a outra pessoa diz, precisamos nos adaptar a diferentes situações.

Com um pouco de cuidado, você pode verificar ambos ao mesmo tempo e reagir de acordo. É claro que isso nem sempre é fácil. Se seus padrões antigos forem fortes, você se verá tropeçando no quadro do oponente sem perceber. Mas não deixe que isso o desanime ou frustre, continue tentando. Esteja ciente tanto do uso da armação quanto da rejeição da armação. Você está conscientemente ciente da escolha que está fazendo entre as duas. Depois, à medida que isso se tornar cada vez mais arraigado em sua consciência, você poderá aplicá-lo em conversas na vida real. E, em algum momento, em tempo real, a distinção entre os dois começa a ficar clara. Você começa a enxergá-la. Em vez de ser pego pela estrutura da outra pessoa, você pode ver com calma: 'Essa estrutura é aceitável? Desde que consiga enxergar isso, você pode fazer uma escolha ativa.

É uma experiência indescritivelmente agradável observar a si mesmo pesando calmamente os benefícios e decidindo se vai usá-lo ou não, sem ser atraído pela estrutura externa.

- Os cães perseguem as pedras atiradas, mas os leões atacam os atiradores de pedras

Outra maneira de evitar ser pego pela armação da outra pessoa e evitar se tornar um saco de pancadas é atacar o "orador" em vez do conteúdo da armação. A analogia mais famosa para isso é a seguinte

"Se você atirar uma pedra, um cachorro a perseguirá, mas um leão atacará quem atirou a pedra.

Aqui está um exemplo. Alguém descreve sua aparência ou seu corpo de forma negativa. Podem chamá-lo de feio, gordo ou incompetente, ou podem dizer que você é incompetente. Então você geralmente começa a perseguir a "pedra" que foi atirada. Nossos sentimentos, pensamentos e reações são imediatamente moldados pela moldura - o conteúdo das palavras.

Isso resulta em duas reações. A primeira reação é concentrar toda a minha atenção na feiura ou na incompetência do que a outra pessoa disse e deixar que o negativo me afete. A segunda reação é refutar ou resistir às palavras e ficar com raiva, seja externa ou internamente. Ambas as reações estão perseguindo a pedra com o fervor de um cachorro, ou seja, entrando na prisão da própria estrutura. Talvez o atirador de pedras esteja sorrindo um sorriso de conversão enquanto observa.

A principal razão pela qual persigo as "pedras atiradas" é porque estou muito preso a mim mesmo em relação a esse quadro. Minha atenção e meu foco estão em mim mesmo. É por isso que você está preso. Não estou dizendo que você não deva se preocupar consigo mesmo ou que não deva se valorizar. Devemos nos preocupar com nós mesmos e nos tornar mais importantes do que qualquer outra pessoa. O problema é que fazemos isso mesmo quando não é necessário. Você só precisa fazer isso quando precisa, ou está sempre presente. Mas, na verdade, é mais eficaz ter consciência de si mesmo quando não é necessário. Assim, você pode ser indiferente a qualquer enquadramento que a outra pessoa faça de você. Porque não há um "você" para ser pego na moldura. Não é fácil, mas quando bem feito, é a coisa mais poderosa que você pode fazer.

Então, o que significa "atacar o atirador de pedras" como um leão?

Desvia o foco da atenção das palavras ou do enquadramento da outra pessoa e volta para o orador. Geralmente assume a forma de uma pergunta ou interrogação.

"Por que essa pessoa está dizendo isso para mim?

"Qual é a história por trás disso?

'Você deve ser menos humano para dizer algo assim.

"Será que ela tem um complexo com sua aparência?

Quando você se pergunta por que a outra pessoa está dizendo o que está dizendo, você não está atribuindo culpa ou defeito, você está mudando o foco da atenção para a própria pessoa. Trata-se de ser curioso. Mesmo que você não seja curioso, o que importa não é o que a pessoa disse (a moldura), mas a pessoa que criou a moldura. Como um leão, diga: "Uh-huh! A outra pessoa ficará surpresa. "Pensei que você fosse perseguir uma pedra, mas você pulou em mim!

Você pode realmente fazer perguntas, não apenas se perguntar. Se alguém lhe disser algo negativo, você não ficará preso a isso ou concordará, mas, em vez disso, dará um passo atrás e fará uma pergunta.

"Mas por que você está dizendo isso? Alguém já lhe disse que você é feio (ou incompetente)?"

"Não acho que você seja o tipo de pessoa que diria algo assim, e estou desapontado, mas talvez eu estivesse errado."

"Você é um aparecimentista?"

"Como você se sentiria se alguém dissesse algo assim para você?"

Há muitas outras perguntas que você pode fazer.

Esse foco na pessoa em vez de na moldura traz vários benefícios. Por um lado, meus pensamentos não estão mais centrados em uma moldura desnecessária. Não me envolvo em jogos desnecessários. Em segundo lugar, posso dar algum tipo de advertência à pessoa que criou a moldura desnecessária. É também uma forma de me contrapor ao enquadramento. Isso faz com que a estrutura da outra pessoa não funcione. Referir-se ao seu oponente ou fazer uma contrapergunta é uma maneira muito eficaz de evitar ser enquadrado.

- Reverter

A terceira maneira de se libertar das estruturas de outras pessoas é "reverter".

Quando alguém tentar enquadrá-lo, não tente responder dentro dessa estrutura. Ninguém é obrigado a responder a uma pergunta só porque ela foi feita ou enquadrada dessa forma. Em vez disso, devolva o enquadramento à outra pessoa para que ela possa pensar fora da caixa. Coloque-a de volta na pessoa. Às vezes, essa é a resposta e o tratamento mais adequados. Por exemplo, é fácil de entender.

Para alguém que desnecessariamente degrada a aparência de uma pessoa, diga: "Sabe, você também não está com uma aparência tão boa".

Para alguém que despreza a capacidade dos outros, diga: "Acho que você não conseguiria fazer isso, mesmo que tentasse".

Para alguém que critica suas ideias, diga: "Suas ideias também não são muito boas".

Para a pessoa que o está julgando, diga: "Seu julgamento reflete mal em mim".

Para a pessoa que está fazendo a discriminação irracional, diga: "Vejo que você gosta desse tipo de discriminação, como você se sentiria se isso fosse feito com você?"

Como você deve ter notado, tudo aqui são técnicas estritamente de "defesa saudável". Não há motivo para tentar enquadrar alguém ou atacá-lo se não for necessário. A menos que seja absolutamente necessário. E muitos de nós não sentimos a necessidade de atacar os outros primeiro ou tentar injetar nossos próprios argumentos.

O problema é que, às vezes, as pessoas fazem isso. Quando isso acontece, você pode usar a perspectiva e as técnicas deste artigo para reagir adequadamente. Não ataque primeiro, mas também não fique de braços cruzados. Não seja desnecessariamente "duro". Esse é o objetivo deste artigo.

- Saia de meu quadro, se necessário

Nesse ponto, é importante lembrar. Minha estrutura é apenas outra estrutura que eu tenho. Precisamos reconhecer isso. Nenhuma estrutura, seja a sua ou a de outra pessoa, é a verdade absoluta ou a única verdade. É bom para mim usá-las quando forem apropriadas, úteis e necessárias, mas, caso contrário, ser flexível o suficiente para deixá-las de lado. Em outras palavras, ver claramente que uma estrutura, seja a minha ou a de outra pessoa, é apenas uma "maneira de pensar" e nunca é a verdade absoluta, a única verdade ou o inevitável.

Se você rejeitar o enquadramento da outra pessoa, mas não o seu próprio, ainda estará no campo do "enquadramento é a verdade absoluta". Você nunca pode usar a mão esquerda com tinta para remover a tinta da mão direita. Você precisa apagar a tinta das duas mãos. É isso que é uma moldura.

Não é "a moldura sou eu", mas, ao mesmo tempo, não é "a moldura não sou eu". É apenas um bom uso do fenômeno de identificação com a moldura. Ao reconhecer esse fenômeno pelo que ele é, você pode usá-lo quando precisar e não usá-lo quando não precisar.

Primeiro, deixe-me me libertar e, depois, deixe a outra pessoa se libertar. Em vez de aprisionarmos uns aos outros em uma moldura criada por nós mesmos, seja a nossa própria ou a de outra pessoa, vamos nos apropriar de qualquer moldura e usá-la ativamente. Esse é digno de ser nosso propósito. O questionamento reverso, o enquadramento reverso etc. só são realmente significativos se forem usados como um meio para esse fim. Vamos celebrar juntos a "liberdade de enquadramentos desnecessários", sempre lembrando que o objetivo não é prender ou confinar a nós mesmos ou a outra pessoa em outro enquadramento.

◆◆◆

Resumo

Ele discute como evitar ser pego facilmente em "quadros" (mentalidades). As principais estratégias incluem

1) Determinar a utilidade da estrutura externa, ignorá-la se não for necessária ou apresentar uma estrutura diferente.

2) Concentre-se na pessoa que jogou a moldura em vez de no conteúdo da moldura.

3) Reverter quadros desnecessários.

Você também deve reconhecer que suas próprias estruturas não são verdades absolutas e deve ter a liberdade de usá-las ou descartá-las conforme necessário. Essa abordagem o livra de enquadramentos desnecessários e permite que você pense de forma mais livre e independente.

5.5 Pratique o amor horizontal, não a dependência vertical

: Amor vs. Dependência - Criando relacionamentos fortalecedores

"Moisés, Jesus Cristo, Muhammad, Lama, Buda. Nenhum deles recebeu amor terreno suficiente."

"Isso não pode ser, todos eles têm milhões e milhões de adoradores até hoje?"

"Adorar é depender. Dependência não significa amor. Dependência apenas tira o 'poder do pensamento' que é exclusivo do homem. Para um homem, depender de alguém é degradar a si mesmo, trair a si mesmo, alienar-se do objeto de sua dependência."

Esta é uma citação de um livro que li outro dia.

No artigo acima, usei a palavra "adoração", mas em um relacionamento normal, seria "dependência". O que precisamos compartilhar é o amor, não a dependência. Até mesmo Jesus e os Budas queriam compartilhar amor com as pessoas, e provavelmente rejeitaram qualquer adoração ou dependência que viesse diretamente a eles. Há muitos exemplos desse tipo nas escrituras budistas e na Bíblia. Eles rejeitaram a dependência porque sabiam que a dependência unilateral apenas impede a verdadeira interação e o amor entre as pessoas.

Vamos voltar o foco para nós mesmos. Não é incomum dizermos que amamos nosso parceiro, mas, na realidade, dependemos dele. Quanto mais elementos de dependência houver em um relacionamento, mais difícil ele se tornará para você e para a outra pessoa. A distinção entre dependência e amor é simples. A dependência vertical nos deixa tensos, enquanto o amor horizontal nos dá conforto e liberdade.

Mesmo quando percebemos que somos dependentes de alguém, não é fácil sair do padrão. Porque isso mexe com um medo interno. O medo de não ter mais alguém em quem confiar. Às vezes me pergunto se deixar o relacionamento é para o meu próprio bem. Falar de dependência como amor é ser desonesto com a outra pessoa.

Por outro lado, você pode ter medo de que, se temer ou evitar essa situação um tanto confusa toda vez que a encontrar, ela acontecerá novamente em outro relacionamento. Assim, você fica preso em um estado ambíguo de não parar nem continuar o relacionamento. Sair de um relacionamento pode trazer liberdade e novas oportunidades tanto para você quanto para a outra pessoa, mas também pode causar mágoas e ressentimentos profundos. Mas será que é realmente a coisa mais sensata a fazer?

A escolha superficial parecerá ser ficar no relacionamento ou sair. Mas seja qual for sua escolha, o mais importante é seu estado mental interno: quando você reconhece a estrutura de dependência e não se associa mais à pessoa como uma dependência, isso é suficiente. Continuar ou não o relacionamento, deixar ou não a outra pessoa, é uma questão secundária.

Elas podem dizer que querem resolver a codependência, mas só pensam em "sair" primeiro. Talvez sintam que isso é um ato de evasão. Você também pode estar preocupado com o fato de que terminar o relacionamento o deixará magoado e ressentido. Também podem se perguntar se terminar o relacionamento é a coisa certa a fazer ou não, tudo porque ainda estão dando mais importância ao comportamento externo do que aos sentimentos internos. Mas o que realmente importa é o que está dentro.

A mente interna pode ser influenciada pelo comportamento externo. Em alguns casos, uma saída física pode esclarecer muita turbulência interna. Entretanto, mudar seu comportamento externo sem mudar também o interno deixa muita margem para erros. Se a única solução para uma crise ou dificuldade no relacionamento for ir embora, na próxima vez que surgir uma situação semelhante, talvez você não consiga lidar com ela adequadamente e acabe evitando-a novamente. É claro que você deve ir embora quando for necessário e deve terminar quando for preciso, mas também é possível superar uma crise ou dificuldade juntos e ter um amor e um relacionamento mais profundos depois disso.

Quando temos um problema em um relacionamento, além de decidir se devemos ou não terminá-lo, devemos primeiro deixar claro em nossa mente o objetivo do relacionamento.

A meta é o "amor horizontal", não a "dependência vertical".

A dependência em um relacionamento nunca é unilateral. Ambas as partes estão em um relacionamento dependente para seu próprio benefício. A parte dependente se beneficia principalmente da dependência psicológica e de assumir as responsabilidades da vida, enquanto a parte dependente recebe validação e um aumento na autoestima. Em outras palavras, se o amor verdadeiro é "a disposição de nos doarmos um ao outro para o bem do outro", então a codependência é "o mecanismo pelo qual eu uso o outro para o meu próprio bem". Às vezes, mesmo que um relacionamento pareça ser glamoroso e legal por fora, na verdade é o oposto por dentro. E quando ele finalmente se rompe, termina de forma trágica.

Isso se deve ao fato de nós, seres humanos, não termos sido criados para sermos dependentes ou dependermos dos outros. Fomos criados para amar uns aos outros igualmente, horizontalmente e confortavelmente, e não para viver em um relacionamento vertical em que um é superior ou inferior ao outro, e a hierarquia que o acompanha. Esse tipo de relacionamento é uma distorção.

Antes de mais nada, vamos tentar um compartilhamento mútuo maduro dentro de nós mesmos, não uma dependência tradicional. Ter um "problema de dependência", seja para dar ou receber, mostra que ainda não estou sozinho como um ser humano saudável e maduro. Portanto, isso precisa ser resolvido. Se você vai embora ou não, se você se separa ou não, é secundário.

Não é obrigatório ou compulsório, portanto, não se sinta pressionado. Se não conseguir fazer isso, não precisa se forçar. É um tipo de prática a ser tentada. Ao fazer isso, posso primeiro gerar o poder dentro de mim para dar amor ou compartilhamento mútuo igualitário em vez do mecanismo de dependência que tenho usado. Posso pensar na outra pessoa como o mesmo ser, tão fraco quanto eu, tão fraco quanto eu, tão forte quanto eu. Nós nos encontramos com a clara consciência de que ambos, eu e ele, somos "exatamente como somos", nada e tudo ao mesmo tempo. Pode ser estranho e difícil no início, mas se você perseverar, gradualmente se transformará em um relacionamento maduro, mesmo que haja crises ao longo do caminho. Essa é uma disciplina para os relacionamentos e para a vida.

Você pode perceber que fez grandes progressos para sair do relacionamento codependente por meio de seus próprios esforços, mas a inércia do relacionamento codependente permanece com a outra pessoa. Ela pode resistir à minha mudança, ressentir-se da minha mudança ou tentar terminar o relacionamento. Qualquer uma dessas situações é possível. Esse é o limite dele, por assim dizer.

Nessa situação, você tem duas opções. Uma é ser paciente e continuar tentando trabalhar com ele para ajudá-lo a mudar. É claro que você não precisa forçá-lo ou coagi-lo. Tampouco preciso fazer isso com dor. Todo esse esforço é para sua própria felicidade. É claro que isso também inclui a felicidade da outra pessoa. É por isso que você pode continuar a perseverar. Segundo, interromper o relacionamento. Se a outra pessoa não for capaz de se juntar a mim em meus esforços para transformar a dependência vertical em amor horizontal. É claro que, nesse caso, você não precisa romper à força ou desnecessariamente. Deixe que isso aconteça naturalmente.

Mesmo depois de ter resolvido seu relacionamento, você pode estar preocupado com a possibilidade de repetir situações semelhantes no futuro, com a possibilidade de magoar um ao outro e com a capacidade de criar um amor verdadeiro. No entanto, se você puder reconhecer claramente a diferença essencial entre dependência e amor, e se puder resolver o problema internamente, essas preocupações desaparecerão naturalmente, portanto, não se preocupe muito.

Às vezes, a realidade é que você precisa terminar um relacionamento o mais rápido possível. Você não pode se dar ao luxo de esperar até que tenha se resolvido. Nesse caso, não faz sentido forçar o relacionamento a continuar. Então, você precisa ser proativo e terminar o relacionamento. Tome uma atitude. Depois, você pode continuar a se interiorizar e refletir sobre a situação. Você não precisa estar "dentro" do relacionamento para fazer isso.

Essa percepção do relacionamento permitirá que você seja muito mais sábio na próxima vez que um padrão semelhante se repetir. Você poderá aproveitar seus fracassos e experiências anteriores para aperfeiçoar seu próximo relacionamento.

Com amor horizontal, não com dependência vertical.

◆◆◆

Resumo

O amor verdadeiro é diferente da dependência. A dependência vertical cria tensão, enquanto o amor horizontal proporciona conforto e liberdade. Em um relacionamento, é o estado interno que importa mais do que o comportamento externo. Reconhecer e romper com uma estrutura de dependência é importante, ficar ou sair do relacionamento é secundário. A meta deve ser o "amor horizontal", que significa "estar disposto a se doar para a felicidade da outra pessoa". Você deve se esforçar para se afastar da codependência e se aproximar de um compartilhamento mútuo maduro, o que, às vezes, pode ser difícil e levar tempo, mas, em última análise, leva a um relacionamento mais saudável.

5.6 Não é preciso ser lixeira emocional para ter empatia

: Empatia sem sacrifício - sentir os sentimentos dos outros sem se perder

- "Acho que vou morrer cedo"

De vez em quando, falo ao telefone com pessoas que precisam de ajuda. Há alguns anos, uma mulher de 50 e poucos anos me ligou. Ela me disse que ela e o marido estavam constantemente se esbarrando por causa das menores coisas, que qualquer conversa que ela tentasse ter rapidamente se tornaria amarga e acabaria em uma briga, e que ela não podia mais viver assim. Ela disse que, quando era mais jovem, conseguia suportar isso, mas agora não conseguia mais. Não é de se admirar. Como alguém poderia suportar isso?

Outro dia, estávamos discutindo e eu disse a palavra "divórcio", e ele de repente ficou sério e disse que queria que eu esperasse um ano para que as crianças se formassem na faculdade. Depois de um ano, disse ele, desapareceria. Ela ficou arrasada com as palavras dele. Seu marido tinha um histórico de ataques cardíacos e outros problemas de saúde, e ele sempre lhe dizia que morreria cedo.

É claro que eles sabiam que se separar agora não seria bom para nenhum dos dois, mas as discussões e os conflitos constantes estavam levando-os ao auge do estresse. Não sei como melhorar as coisas. O dia seguinte era o aniversário do marido, e ela não queria preparar uma sopa de algas para ele. Mas, ao mesmo tempo, ela sentia fortemente que o relacionamento precisava ser fundamentalmente melhorado, então ligou para ele.

Ele estava com pressa ao telefone e perguntou se eu poderia lhe dar algum conselho imediatamente, então eu lhe disse que tinha um. Perguntei se ele queria experimentar. Não adianta dizer a você como fazer algo se você não o fizer. Felizmente, ele disse que sim.

Perguntei como ela reagia quando o marido dizia: "Acho que vou morrer cedo", e ela disse: "Não diga uma coisa tão estúpida, palavras são sementes." Então eu disse: "Agora, quando seu marido disser isso, deixe de lado seus próprios pensamentos e sentimentos e sinta os sentimentos dele primeiro. Não tente fazer mais nada, apenas sinta o que ele está pensando agora, o que ele está sentindo agora...".

(Nesse caso, é importante sentir os sentimentos da outra pessoa, mas também é importante expressá-los em palavras).

"Você fica tão ansioso, tão preocupado com sua saúde... Eu realmente não sabia como era. Acho que sei um pouco agora...."

Depois de um momento, o receptor emitiu um soluço. Ele disse que agora sabia o que não sabia. E o que ela havia feito de errado. Meu coração afundou junto com o dela.

Falamos muito sobre a importância da empatia. Não é fácil ser empático. Falamos muito sobre isso, mas é difícil de fazer. No entanto, é muito importante que tenhamos empatia quando precisarmos dela.

A empatia é muito simples. É tão simples que temos dificuldades com ela.

Se você quiser sentir empatia pela pessoa que deseja, de forma fácil e adequada, veja como. Vamos deixar de lado todas as teorias, ideias e conselhos que você já ouviu sobre empatia. Se você realmente deseja ter empatia, veja como começar.

Aceite os sentimentos, o humor e as emoções da outra pessoa sem dizer que ela está certa, sem concordar com ela, sem desistir ou ignorar seus próprios sentimentos.

Apenas sinta o que ele está sentindo e, como um bônus adicional, você também poderá liberá-lo.

É mais fácil falar do que fazer. Se estiver com dificuldades, aqui está mais uma explicação: (E se não funcionar? Tudo bem, tudo bem não sentir empatia, tudo bem viver com isso, tudo bem ser leve, tudo bem ser leve).

Não é uma teoria, é como nossa mente realmente funciona. E quanto a todas as explicações anteriores para a empatia? Todas elas também dizem isso, portanto, estão corretas, mas são mais complicadas porque dão voltas e voltas e voltas em detalhes. A maioria das explicações funciona quando você as pratica de forma fiel e consistente. Portanto, é uma boa ideia ler todas as teorias e explicações sobre empatia e experimentá-las.

"Apenas sinta o que ele está sentindo" é algo que, depois de experimentar sua eficácia algumas vezes, você nem pensará em fazer. Esse princípio natural e simples de sentir com ele e se deixar levar é o que faz com que funcione. Se não funcionar na primeira vez, não desanime, apenas tente de novo e de novo. Isso é algo que todos nós estamos fazendo, apenas somos um pouco mais entediados.

Há algo que vem com o fato de "sentir com" alguém. Esse é o efeito de "deixar de lado a mente da outra pessoa". Esse é um fenômeno que ocorre espontaneamente quando vocês se sentem bem juntos, portanto, não é preciso pensar sobre isso. Além disso, quando a mente da outra pessoa está relaxada, a sua mente também fica relaxada. Depois de experimentar isso, você se apaixonará ainda mais por esse método.

- Não considere a empatia como empatia se ela não for empatia

"Sinta o que a outra pessoa está sentindo" é mais ou menos o que parece. Portanto, vá em frente e faça isso. Mas se você ainda não estiver familiarizado o suficiente com isso, uma pequena explicação ajudará, portanto, vamos nos aprofundar um pouco mais.

Em primeiro lugar, por que temos dificuldades com a empatia?

Em resumo, é porque entendemos mal a empatia. Parece que a outra pessoa tem que estar certa, parece que ela tem que concordar com você, parece que você tem que desistir ou ignorar seus próprios sentimentos e aceitar os dela incondicionalmente.

Não, não é necessário!

Para ser claro, isso não é empatia, e é por isso que é difícil e trabalhoso. É realmente difícil e desafiador. Temos nossos próprios pensamentos, sentimentos, opiniões, emoções, certos e errados, então como podemos simplesmente dizer que o da outra pessoa é o único certo? E não devemos fazer isso, porque isso pode salvá-la, mas me mata. Quando eu morro, o relacionamento morre. Não é assim que a empatia funciona. A empatia tem a ver com manter nós dois vivos, a outra pessoa e eu.

Portanto, no futuro, não seja forçado ou relutante em concordar que a outra pessoa está certa, correta ou agradável, ou em aceitar os sentimentos dela incondicionalmente, ou em ignorar seus próprios sentimentos. Não tente se forçar a entender a outra pessoa, pois isso é uma traição a si mesmo, e sua satisfação será apenas passageira e de curta duração. Mesmo que você não sinta isso claramente na hora, um sentimento de relutância permanecerá em sua mente e terá um efeito negativo sobre você e a outra pessoa. Para mim e para a outra pessoa.

- Apenas sinta o que eles estão sentindo com eles

Muito bem, agora estamos chegando à parte real.

Então você quer que eu sinta o que eles estão sentindo?

Mas como?

Como eu disse antes, mantenha seus sentimentos, pensamentos, julgamentos e entendimentos. Você não precisa mudá-los ou se livrar deles. Apenas mantenha tudo isso e sinta o que a outra pessoa está sentindo no momento. Você pode expressar isso por meio de palavras ou comportamento, mas isso é para depois, apenas sinta. Não há pressão, é fácil.

Você pode aceitar o sentimento à medida que ele chega até você ou pode perguntar à outra pessoa. O simples fato de perguntar: "Como você está se sentindo agora?" faz uma enorme diferença. Antes disso, muitas vezes eu não tinha ideia de como a outra pessoa estava se sentindo, ou minhas suposições estavam erradas, mas quando você faz uma pergunta e ouve como ela está se sentindo, é muito fácil descobrir. Não precisa ser complicado ou difícil. Você só precisa perguntar. Se você sentir que está em sincronia sem perguntar, basta sentir.

Às vezes, isso não funciona. Não consigo sentir, ou a outra pessoa não responde às minhas perguntas.

Use sua imaginação. Imagine-se no lugar da outra pessoa e como você se sentiria se estivesse nessa situação, seja frustrado, irritado, triste ou deprimido. "Como eu me sentiria se estivesse nessa posição?" Pense em situações em que você esteve no passado e nas emoções que sentiu nessas posições. Em seguida, sinta-as. Observe se a outra pessoa está sentindo sentimentos, emoções e estados de espírito semelhantes neste momento.

Esse poder de imaginação é uma habilidade natural que todos os seres humanos possuem. É por isso que sentimos as mesmas emoções que os personagens principais de dramas, filmes e romances. Portanto, se você disser que não consegue, está mentindo. Você simplesmente ainda não se concentrou nisso. Mesmo que não o faça com alguém com quem se importe, que conheça ou que ame, você se verá fazendo isso espontaneamente.

Ainda não está entendendo? É claro que pode. Tudo requer uma certa dose de foco e repetição. Se você seguir essas etapas cuidadosamente, em algum momento começará a sentir: "É assim que você deve estar se sentindo agora. Nós, seres humanos, somos muito parecidos na forma como nos sentimos.

No entanto, uma palavra de cautela aqui. Isso é mais um "sentimento" do que uma suposição ou conjectura. É quando você sente naturalmente as emoções e os sentimentos do personagem principal do filme. Se você tentar adivinhar ou especular, talvez não acerte. Às vezes, as pessoas se lamentam: "Por que eu me esforço tanto para ter empatia, mas sempre erro?" Isso ocorre porque elas fazem suposições e adivinhações precipitadas com a mente, em vez de realmente sentir. O humor, os sentimentos e as emoções da outra pessoa.

Pensar é proibido. Haverá algumas suposições e especulações envolvidas, mas o segredo é se concentrar em "sentir". Esse é o truque mais importante. Mesmo que no início haja uma lacuna entre o que você acha que sente e o que a outra pessoa realmente sente, com a prática, você naturalmente ficará cada vez melhor nisso, portanto, não se preocupe muito e continue tentando.

Algumas pessoas tentam se treinar em empatia lendo livros, participando de programas e aprendendo a se comunicar. No início, parece funcionar, mas depois você se depara com um obstáculo. De acordo com a teoria, eu deveria estar progredindo, mas não estou. Não sinto empatia, e a outra pessoa parece não reagir muito, ou reage um pouco, e depois não dura muito.

Um marido me disse que havia aprendido uma "técnica de empatia" no programa de treinamento de sua empresa. A técnica consistia em "imitar o que a outra pessoa está dizendo". Isso geralmente é chamado de retrocesso, imitação, paráfrase ou parafraseamento. Então, cheguei em casa e apliquei essa técnica em minhas conversas com minha esposa e pensei: "Nossa, isso está realmente funcionando". Ela fala com entusiasmo que sente que está sendo ouvida, embora eu esteja apenas repetindo o que ela está dizendo.

Ao continuar a usar esse método, você percebe que sua esposa está cada vez menos receptiva. Um dia, ela diz ao marido, que é muito receptivo. "Só verbalmente?"

Este é um exemplo leve, mas também é uma experiência da vida real. Ok, já conheço a técnica, então qual é o problema?

O principal motivo é que eu não sinto realmente o que eles estão sentindo agora em meu peito. Não estou sentindo, e a outra pessoa também não.

Portanto, você está apenas fazendo o que é necessário. É claro que isso é muito melhor, mais útil e mais longo do que não fazer nada. Portanto, se você puder fazer isso, dê o seu melhor.

O problema é o seguinte. Quando usamos a empatia, seja de forma casual ou estratégica, presumimos que a outra pessoa não sabe e não pode senti-la. Mas nossa mente inconsciente é surpreendentemente sensível e sábia. Ela sabe de tudo até certo ponto. Ela sabe se o seu coração está realmente sentindo o meu coração (sentimento) ou não.

É nesse momento que uma dose de conversão é o que estamos tentando fazer, "sentir como".

Você apenas sente o que acha que ele está sentindo, como acha que ele está sentindo. No início, você pode não saber se o que está sentindo é certo ou errado. O sentimento pode ser fraco. No início, pode ser apenas meus pensamentos. Suas primeiras suposições podem não estar certas. Mas se você não desistir e continuar, começará a sentir, como se o ímã ali estivesse se movendo e você sentisse o campo magnético mudar, ou como se as vibrações do vibrador ali estivessem sendo sentidas por você. É um fenômeno chamado ressonância. Nós temos essa capacidade. Ela é inerente a todo ser humano.

Não trate isso como uma obrigação, uma responsabilidade ou um exercício de empatia, mas sim como um jogo ou brincadeira casual, como um jogo de "sentir junto". Os seres humanos são naturalmente projetados para sentir o coração (sentimentos) uns dos outros, e fazemos isso o tempo todo. Não torne o assunto muito sério ou pesado, torne-o divertido como uma brincadeira leve.

A razão pela qual não sentimos empatia quando a temos é porque não estamos prestando atenção e nos concentrando no que já estamos sentindo. Agora, não preciso concordar com seus pensamentos, sentimentos, opiniões ou aceitar incondicionalmente seu humor, basta prestar um pouco mais de atenção ao que estou sentindo. Então, poderei sentir o que estou sentindo novamente.

Em algum momento (ou talvez logo no início), você acertará: "Ah, esse sentimento, esse humor, essa emoção! Se não, não importa. É suficiente apenas continuar se sentindo assim. Só isso já tem um efeito positivo invisível. Mas em algum momento, quando o fizer, você o sentirá, e é uma sensação estranha. Depois disso, fica muito mais fácil e natural, e você vai querer sentir a outra pessoa mesmo quando não for necessário.

Estou sentindo os sentimentos da outra pessoa à minha maneira, mas ela ainda pode estar frustrada comigo ou ressentida por eu não entendê-la. Você pode se sentir desapontado ou desmotivado porque a pessoa parece não apreciar seus esforços.

Pense novamente. O objetivo de "sentir junto", em primeiro lugar, não é entender ou apreciar a outra pessoa. Há espaço para que a outra pessoa aprecie no final, mas o objetivo e o resultado é senti-lo independentemente disso. Se você deixar isso claro, poderá continuar a sentir a outra pessoa sem se distrair com a reação dela. Esse é o objetivo.

Quando você se sente assim, autenticamente e em conjunto, a próxima coisa curiosa que acontece é uma liberação.

Quando me sinto bem, a mente da outra pessoa é liberada de forma estranha e natural. É uma experiência muito tocante. Você pode até adivinhar que isso vai acontecer. "Se eu expressar isso agora mesmo, o coração dessa pessoa será liberado. Isso é o que acontece quando há uma empatia real e invisível entre duas pessoas. Não sei como isso é explicado cientificamente, mas acontece. Quando você sente genuinamente o humor, as emoções e os sentimentos da outra pessoa, a mente da outra pessoa é liberada.

Você não precisa almejar isso. Às vezes, você pode pensar: 'Estou sentindo bem, mas por que ele não consegue? Então você pode relaxar e pensar: 'Talvez eu precise ser mais maduro'. À medida que continuar a fazer o que está fazendo, independentemente do resultado, você perceberá que o conflito, a disputa ou a discussão se atenuará gradualmente. Como "sentir-se junto" é tanto a meta quanto o resultado, qualquer tentativa de mudar isso artificialmente se torna outro obstáculo. Portanto, seja sábio, leve e flexível.

- Prefiro expressar meus sentimentos diretamente

É bom sentir o humor e as emoções da outra pessoa, mas será que você deve apenas senti-los?

Não, não é. É claro que o sentimento é a coisa mais importante, mas expressá-lo por meio de palavras e ações é ainda mais importante. Portanto, também é necessário expressá-lo bem.

Por exemplo, você pode dizer Eu sinto seus sentimentos, humores e emoções.

"Sim. Você deve estar se sentindo bem agora."
"Como está se sentindo agora?"
"Sinto muito, não percebi como você estava se sentindo agora."
"Agora eu sei como você se sente."

Se puder demonstrar isso por meio de suas ações, faça-o. Expressões faciais, fala, tom de voz, frases e gestos empáticos são todos bons - não há nenhuma técnica especial, apenas deixe que isso ocorra naturalmente, conforme parecer certo para você.

Na melhor das hipóteses, você pode expressar seus sentimentos e a outra pessoa dizer algo como: "Não estou me sentindo assim agora", e você pode se lembrar de que sua empatia ainda é fraca. Ou talvez a outra pessoa ainda não queira responder à sua empatia. Você não precisa ficar desapontado ou desanimado com essa resposta. Você só precisa continuar tentando se sentir melhor. Tenha cuidado para não fazer suposições, inferências ou projeções. Apenas literalmente "sinta com isso" e tenha em mente que sentir com isso é tanto o objetivo quanto o resultado.

Até que esse esforço se torne uma segunda natureza, até que se torne uma rotina, ainda será uma luta, e haverá pequenos solavancos ao longo do caminho. Mas você só precisa aceitar que essa é uma "curva de aprendizado" necessária e seguir em frente. A cada passo, você se tornará mais maduro, terá mais momentos de felicidade e sua vida será mais rica.

◆◆◆

Resumo

A verdadeira empatia é simplesmente sentir os sentimentos da outra pessoa. Isso não significa deixar de lado seus próprios sentimentos ou aceitar incondicionalmente os sentimentos da outra pessoa. Veja a seguir como ser empático

1) Sinta as emoções da outra pessoa,

2) Use sua imaginação, se necessário,

3) Expresse seus sentimentos.

A empatia requer prática, e é importante aproveitar o processo e não se deixar levar pelo resultado. A verdadeira empatia pode abrir o coração da outra pessoa e melhorar os relacionamentos. É uma capacidade humana natural, não uma habilidade, e pode ser aprimorada com a prática.

5.7 Pedidos de desculpas para mim, para o outro, para todos

: Além do certo e do errado

Pedir desculpas é difícil para todos.
Mesmo que eu esteja em uma posição superior,
Em pé de igualdade,
Posição inferior ou não.

Há muitos motivos pelos quais os pedidos de desculpas são difíceis.
Quando sinto que não tenho motivos para me desculpar,
Quando pedir desculpas me fará perder dinheiro,
Quando você acha que a outra pessoa lhe deve um pedido de desculpas,
Quando você sabe que deve se desculpar, mas seu orgulho está ferido,
Quando você acha que seu pedido de desculpas não tem efeito sobre a outra pessoa...

De qualquer forma, o
As coisas pelas quais temos dificuldade de nos desculpar adequadamente
O verdadeiro motivo,
Porque você não sabe para quem é a maçã.

As maçãs não são para mim
Não é nem mesmo para seu oponente.
Isso serve tanto para você quanto para seu oponente.

Não se trata de mim e do outro "cada um".
Se for para cada
Acaba sendo um para mim e outro para eles.

Não há diferença.
Isso não é um pedido de desculpas verdadeiro.

As pessoas que se beneficiam de um pedido de desculpas são
Em vez de separar "eu" e "você
O novo é "tanto eu quanto você".

Minha posição, sua posição e sua posição são consideradas separadamente.
Não se trata de quem está mais certo ou errado.
Dependendo do vencedor
Não se trata de quem está pedindo desculpas a quem.

Nesse evento, nessa situação, nesse fluxo
Os intertravamentos e mutuamente exclusivos
Uma nova posição.

Em vez de dois
Um com duas polaridades.
Além disso, um, mas com duas polaridades.

Quando você sentir essa posição,
Quando você se encontrar nessa situação,
Quem se desculpar primeiro
Você pode sentir o sincero pedido de desculpas do coração em resposta.
aparecerá, e
Qualquer pessoa que receba um pedido de desculpas
Juntos, o coração responde.
E o perdão acontece.

E então alguém pede desculpas e isso é humilhante e
Não se trata de quem é superior porque recebeu um pedido de desculpas.
Duas mentes conectadas como uma só
Eles relaxam juntos e
Eles se fundem.

Um verdadeiro pedido de desculpas,
Não é para mim.
Não é para você.
Não é para mim, não é para você, não é para cada um de nós.

Um verdadeiro pedido de desculpas,
como um novo com duas polaridades
É para "tanto eu quanto você".

◆◆◆

Resumo

Um pedido de desculpas verdadeiro não é sobre o indivíduo, é sobre nós. As desculpas são difíceis por vários motivos, mas, fundamentalmente, é porque não sabemos a quem estamos pedindo desculpas. As desculpas não têm a ver com "eu" e "você", mas com o novo "nós" que estamos formando. Não se trata de considerar posições individuais ou julgar o certo ou o errado, mas de entender as maneiras interligadas pelas quais todos somos afetados uns pelos outros. Um pedido de desculpas verdadeiro cria um momento em que dois corações conectados se desprendem e se fundem em um só.

5.8 Reencontrando a mim mesmo através de outro eu

: Além do eu - uma jornada através dos outros

Eu através de você, você através de mim
Amor próprio completo.
Para completar sua existência.

Os seres humanos são criaturas de relacionamento. Ao longo de nossas vidas, entramos e saímos de muitos tipos de relacionamentos. Amizades, relacionamentos, casamento...

E eles têm filhos. Há também uma relação de ensino e aprendizado.

Talvez um dos fenômenos mais misteriosos seja o ato de se relacionar. É o processo pelo qual uma entidade passa a existir além de si mesma. Não se trata tanto de um "eu e você se encontrando", mas de um "eu se encontrando por meio de outro eu". O "eu" não é o mesmo "eu" de antes.

Os relacionamentos se tornam uma maneira de completar o amor-próprio. Eles se tornam uma oportunidade.

O mais misterioso de todos os relacionamentos é o da procriação. Isso não quer dizer que os relacionamentos entre amigos, amantes ou professores e alunos sejam menos misteriosos. Todos eles têm muito significado e mistério. Mas o ato da procriação tem uma intensidade mais direta. Tanto física quanto mentalmente.

Por meio de seus bebês, os pais encontram o "eu além de mim, o eu fora de mim" em uma realidade vívida pela primeira vez. Para os pais, os bebês até se tornam "mais preciosos do que eu".

Esse não é o tipo de experiência mística que só é possível por meio de uma filosofia ou religião profunda?

Os seres humanos não são as únicas criaturas que criam descendentes. Em sua forma mais seca, é o instinto de reprodução, o instinto de manter a espécie.

Outra maneira de ver isso é que é o instinto de me conhecer por meio de outro eu. O objetivo desse encontro é completar o amor-próprio. Em outras palavras, é a conclusão da autoexistência. Talvez seja mais um fenômeno inconsciente ou arquetípico do que consciente.

O amor próprio de um ser não se completa necessariamente por meio dos filhos. Isso também pode acontecer em outros tipos de relacionamento. Além disso, o relacionamento entre pais e filhos nem sempre é bom e positivo; às vezes pode ser trágico ou destrutivo.

O que os pais experimentam, mesmo diante de tanta negatividade, é a superação do apego ao "eu sozinho", ou ilusão, ignorância e ausência de nome. Talvez essa seja uma experiência mais profunda e intensa do que o conceito budista de não-eu. Se for vivenciada e reconhecida adequadamente. No entanto, mesmo como pais, se nos apegarmos a nossos filhos, se colocarmos nossos próprios desejos em primeiro lugar, se negligenciarmos as coisas que precisamos proteger e ter em mente uns para os outros, sofreremos, o que exige esforço, consciência e percepção.

Todo relacionamento que temos tem esse elemento arquetípico.

Portanto, nós,

Qualquer relacionamento que você tenha na vida

Até que os laços no relacionamento se esgotem e parem, o

Vamos valorizá-lo e cuidar dele da melhor maneira possível.

Todo relacionamento é uma oportunidade.

Não se trata apenas de mim ou apenas deles.

Além de mim e dele, para a própria existência.

E para a perfeição do amor-próprio dos seres.

◆◆◆

Resumo

Os relacionamentos são um processo de transcender a si mesmo; não se trata de "conhecer os outros através de mim", mas de "conhecer a mim através dos outros". Os relacionamentos entre pais e filhos são os mais misteriosos, pois nos permitem experimentar diretamente o "eu fora de mim". Não se trata apenas de um instinto de preservação da espécie, mas de um instinto de conhecer o eu por meio do outro. Todo relacionamento oferece uma oportunidade de aperfeiçoar o amor-próprio e completar a existência. Portanto, devemos valorizar e nutrir todos os relacionamentos, não apenas para o bem do indivíduo, mas para o bem da própria existência e do aperfeiçoamento do amor-próprio.

5.9 Você e eu não somos 'dois separados' nem 'um'. Somos 'um com duas polaridades'

: Explorar o conceito de unidade nos relacionamentos

Já faz algum tempo que estou usando a frase "um com duas polaridades". (O lugar do "dois" aqui pode ser "N", em que N é um número real até o infinito).

Para aplicar isso aos relacionamentos humanos, o resultado é o seguinte

Você e eu não somos duas pessoas separadas, mas "uma com duas polaridades".

Por exemplo, um amante ou um casal não são duas pessoas separadas, mas uma "nova pessoa com duas polaridades". Quando uma família tem uma mãe, um pai e filhos, eles não são duas pessoas separadas, mas uma nova pessoa com várias polaridades. Quando há um grupo de pessoas envolvidas, elas não são pessoas separadas, mas uma "nova pessoa com tantas polaridades".

Eles são dois, mas um, um, mas dois. Não são dois completamente separados, mas também não são dois homogeneizados. É um novo com múltiplas polaridades. Um amante, um casal, uma família, um grupo.

Agora, o objetivo final do relacionamento ou do grupo não é a felicidade do "eu" individual, mas a felicidade do "Novo Um".

Se ignorarmos isso e continuarmos a pensar neles como duas entidades completamente separadas, cada uma mantendo sua própria posição, perspectiva e felicidade, a nova entidade só sofrerá. É por isso que muitos amantes, casais e famílias querem ser felizes, mas, no final, ninguém é feliz. Isso acontece porque eles não estão buscando a felicidade do "novo" que existe. Eles consideram apenas as polaridades que ainda estão separadas.

Por outro lado, surgem problemas quando pensamos no todo sem considerar a posição ou a felicidade de cada polaridade (indivíduo). O todo é composto de cada polaridade, como se fosse uma quantidade sem polaridade. Ele se torna uma "unidade ignorada pela polaridade". As polaridades existem de fato. Portanto, elas devem ser consideradas.

Nem o individualismo nem o totalitarismo são a resposta.

Devemos abordá-lo sob a perspectiva de um "novo com N polaridades".

Se um problema entre namorados, casais, famílias ou membros não estiver dando certo, é necessário ser fluido, proativo e sábio na escolha de métodos e soluções, às vezes levando em conta as polaridades, às vezes um, às vezes os dois aspectos simultaneamente, dependendo da situação e das necessidades.

Você acha difícil ou frustrante quando seu parceiro, marido ou esposa, filho ou pai não faz o que você quer que ele faça? Se for o caso, verifique se você está se apegando à posição e à perspectiva de uma polaridade ou da outra. Estou fazendo algo que está centrado nessa polaridade, seja a minha ou a do outro? Vamos ver o que há para o "novo", incluindo todas as polaridades. Concentre-se em qual é o objetivo original.

Em muitos casos, não conseguimos deixar de lado a "posição de polaridade" e continuamos a insistir no que é satisfatório e feliz para mim. Agora, em vez dessa perspectiva, mesmo que eu, "essa polaridade", não esteja satisfeito, posso deixar de lado minha teimosia e considerar: "O que faria a pessoa toda feliz? Ao mesmo tempo em que considero as outras polaridades juntas.

Novas soluções e caminhos que antes eram invisíveis começarão a aparecer e a emergir. Quando o todo se torna feliz, então você e eu, as polaridades dentro dele, nos tornamos felizes juntos. E quando cada polaridade está feliz, o todo está feliz. Vamos abordar cada situação de acordo com isso.

◆◆◆

Resumo

Nos relacionamentos humanos, o "eu" e o "você" não são entidades separadas, mas podem ser vistos como "um com polaridade dupla". Isso se aplica a todos os relacionamentos: amantes, casais, famílias e grupos. O objetivo final desses relacionamentos não é a felicidade individual, mas a felicidade do "novo". Em vez de buscar a separação ou homogeneização completa, precisamos equilibrar a posição de cada polaridade com a posição do todo. A solução de problemas requer sabedoria e flexibilidade para considerar a polaridade, o todo ou ambas as perspectivas simultaneamente, dependendo da situação. Quando o todo está feliz, cada polaridade está feliz, e quando cada polaridade está igualmente feliz, o todo está feliz.

5.10 Duas verdades (N verdades)

: De "Minhas verdades" para "Nossas verdades" - Abraçando múltiplas realidades

Conflitos ou lutas pessoais, como Ódio a si mesmo
Ou um
Em vários conflitos
O que interessa a todos é
"o que é certo" ou
O que importa é quem está certo.

Todos nós sabemos que
Seja uma única pessoa ou mais de uma
No final, você terá que escolher entre "um que sirva, um que seja real" e
Você precisa encontrar e confirmar
Se essa situação for resolvida
porque

O
É uma crença em "uma verdade".

/?

No entanto,
Por meio de todos os tipos de educação e doutrinação
Além das crenças inconscientes que são criadas sem seu conhecimento, as
Apoiando a "verdade única
Não há evidências.

É claro que, dependendo da situação
Qual afirmação tem mais probabilidade de ser verdadeira ou
Senso comum e universalidade
Há momentos em que você precisa ser preciso.
Nesses casos, você precisará ser cuidadoso e usar
Certifique-se de que você tenha um final preciso e apropriado.
É fácil de entender.

No entanto, o
Se estiver flertando estritamente no seu dia a dia, você pode usar o
Nem tanto.
Na maioria das vezes, não importa quem está certo ou errado.
Isso não é tão importante na vida.

Mesmo nesses momentos, temos de nos lembrar que
Eles tentam cobrir seus rastros.
Eu, nosso lado está certo, correto, preciso
Você quer ser reconhecido.

'Eu sou a verdade. Essa única verdade é minha!
É um tipo de necessidade de reconhecimento.

Isso é em grande parte inconsciente e
É uma reação automática.
"Uma verdade" significa
Ela não pode ser atestada por ninguém ou
Isso se deve ao fato de não ser algo definitivo.
É que nos sentimos assim, vemos isso como

Você só precisa acreditar.

Se você notar isso
Muita coisa muda.

Uma expressão mais precisa e útil é
'There are N truths'.

Ainda é o favorito de todos
É claro que "uma verdade" é possível,
Suas e minhas "duas verdades" também são possíveis.
E as "N verdades" de todos nós.
'Isso não causaria muita confusão?
Você pode estar preocupado.
É isso mesmo. Pode ser.

Então, aqui está o mais importante.
Essa também não é obrigatória ou a única resposta correta.
Em outras palavras, "N verdades" não são as únicas verdades.

As "N verdades" nessa frase são as
Não se trata de uma regra para ser complacente.
O objetivo é apenas "fazer bom uso dele".
Se isso for mais útil e mais eficiente
Você só precisa estar disposto a usá-lo.

Não somos escravos da verdade, mas de
Pois ele é o mestre da verdade.

Portanto, quando você precisa de "uma verdade", você precisa
E esteja disposto a usá-lo.
No entanto, ele faz isso de uma forma que torna possível ter duas verdades, N verdades
Mantenha as possibilidades abertas.

Portanto, de agora em diante, usaremos
A crença em "uma verdade" e a insistência e imposição de
Se for difícil para mim, para você e para nós
Não se apegue apenas a isso
Vamos ver a "minha verdade" e a "sua verdade" juntos.
E se você também precisar de muitas outras "nossas verdades", poderá usar o
Vamos dar uma olhada nisso juntos.

Portanto, o problema que era insolúvel quando estávamos nos apegando a "uma verdade" tornou-se
"Duas verdades
Isto é, se for liberado quando virmos minha verdade e sua verdade simultaneamente
Essa é a verdadeira sabedoria.
Há vários conflitos, confrontos e problemas
O resultado pode ser o seguinte.

O objetivo real é eu, você e nossa felicidade.
Porque não é a "verdade".

/?

Finalmente, uma piada.

Talvez a "verdade seja uma só
Nossos sentimentos, percepções e crenças são
Talvez seja porque o sol que vemos é um só.

Desde tempos imemoriais, os seres humanos têm olhado para uma coisa, o sol.
Eu assisto a esse filme desde que nasci, e todos nós o assistimos juntos.
Há um certo sentimento instintivo de "deve haver alguma verdade nisso!
Eu nem sei se ele existe.

Se houver dois ou mais sóis no
Se você nasceu em uma determinada estrela
A verdade é que você pode estar pensando
Nunca se sabe.

Estou brincando, é claro.

No entanto, o motivo pelo qual estou fazendo essa piada é porque
É dessa forma que podemos ver como a declaração
Esse sentimento e crença
Isso se deve ao fato de que ela pode ser tomada de forma muito leviana.

Ele também tem um
Isso se deve ao fato de ele ser bastante leve.
(exceto quando você precisa ser duro)

◆◆◆

Resumo

Muitas vezes acreditamos que existe uma única verdade, mas essa é apenas uma crença subconsciente incutida pela educação e pela sociedade. Na maior parte da vida, uma distinção rigorosa entre certo e errado é desnecessária. O conceito de "N verdades" pode ser mais útil e preciso. Isso inclui uma única verdade, duas verdades (a sua e a minha) e todas as nossas N verdades coletivas. Essa abordagem deve ser usada como uma ferramenta, não como uma regra, e deve ser aplicada de forma flexível, dependendo da situação. A minha, a sua e a nossa felicidade, e não a verdade em si, é o objetivo real. Essa perspectiva pode ajudar a resolver muitos conflitos e desentendimentos.

Conclusão | Não tente ser feliz. Crie a 'própria felicidade'

Todos nós queremos ser felizes. Na maioria das vezes, pensamos que, para sermos felizes, precisamos ter certas coisas ou condições. As condições da felicidade, por assim dizer. Mas, tecnicamente falando, a felicidade é um sentimento, não uma coisa.

Se você leu este livro, já sabe que não estou dizendo que o conteúdo não é importante ou que não precisamos dele. Vamos criar e nos equipar com o conteúdo mais sábio e significativo que pudermos. Não há nada que não possamos fazer e nada que não faremos. Não se trata apenas de nós, trata-se da sociedade, e vamos mudá-la ativamente juntos.

Observe que a felicidade não é determinada pelo conteúdo ou por causa dele, pois, no final, todo esse conteúdo é usado apenas para criar um "sentimento de felicidade". O segredo é o sentimento, não o conteúdo. O conteúdo, embora necessário, é secundário.

Ficamos muito presos ao conteúdo, às condições. É bom tê-las como meio apropriado para a felicidade, mas não precisamos acreditar que a felicidade é impossível sem certas condições. O mesmo se aplica ao fato de acreditarmos que só podemos ser felizes se tivermos certas coisas que os outros, nossa sociedade e cultura aprovam. Isso é abrir mão do objetivo original da felicidade e do sentimento de felicidade por algo que é apenas uma condição. Tanto o indivíduo quanto a sociedade são culpados por isso. É uma inversão completa. O público mudou.

Talvez seja por isso que nossa sociedade e nossos indivíduos sofram tanta dor desnecessária em comparação com outros países e sociedades. Tanto os indivíduos quanto a sociedade precisam mudar. Os indivíduos precisam mudar a si mesmos para criar sua própria felicidade, e a sociedade precisa mudar com eles. Esse é nosso dever e responsabilidade comuns, mas também é nosso direito.

Quando priorizamos o "conteúdo" em vez da felicidade, continuaremos a buscar as coisas erradas, seja como indivíduos ou como sociedade. Os velhos hábitos do passado, o que os outros e a sociedade querem em vez do que nós queremos, a exploração dos outros para nosso próprio benefício pessoal e coletivo, uma visão estreita do mundo, não do todo, e leis, instituições, política e economia tendenciosas que favorecem determinadas facções.

Todos esses são efeitos colaterais da busca excessiva de "conteúdo" fossilizado em vez de felicidade real e sensação de bem-estar. E, neste momento, nossa sociedade está realmente fracassando. Por quê? Porque o conteúdo não é uma condição para a felicidade. Para que você e eu sejamos realmente felizes, para que nos sintamos realmente felizes, precisamos parar de ser usados pelo conteúdo e começar a usar o conteúdo. Precisamos continuar encontrando e substituindo o que realmente precisamos. Se for útil, mantenha-o, mas se não for mais útil, se estiver causando sofrimento desnecessário aos indivíduos e à sociedade, deixe-o de lado. Para o indivíduo e para a sociedade.

Este livro não é sobre felicidade, mas, à medida que você trabalhar as questões de ódio a si mesmo, projeção, identidade, mágoa, relacionamentos e outras, a felicidade virá como resultado. Não quero dizer que este livro o fará feliz, mas que isso será o resultado da superação dos desafios da vida, como os cinco.

As perspectivas, os valores e as ideias apresentadas neste livro podem ser muito interessantes e familiares para algumas pessoas, enquanto outras podem se sentir um pouco estranhas e distantes. Para algumas pessoas, será o oposto do que elas normalmente pensam e, para outras, algumas das ideias do livro terão ressonância com elas e outras parecerão distantes. Isso não tem problema. O importante é que, em qualquer caso, se você encontrar algo neste livro que mudará você e sua vida para melhor, você o aprenderá e o transformará em algo seu. Não porque alguém lhe disse para fazer isso. Você o fará porque quer, e o fará. Todos nós temos esse poder em nossa vida.

Espero sinceramente que todos que lerem este livro sejam felizes. Não pelo que os outros e a sociedade impõem a você, mas pelo que você escolhe ativamente para si mesmo. Além disso, independentemente de qualquer outra coisa. Seja o senhor de sua felicidade, não o perseguidor do que os outros decidem que ela deve ser.

- final

Sobre o autor

Muru

MuRu é uma psicanalista contemplativa. Há mais de 15 anos, ela dirige o "The MuRu Centre" na Coreia do Sul. Ela é especialista em aconselhamento, treinamento, coaching e consultoria nas áreas de meditação, consciência e psicologia.

Com um profundo interesse em psicologia e consciência humanas, explorei várias técnicas e teorias de meditação do Oriente e do Ocidente, bem como da psicologia e da ciência do cérebro, e as apliquei em meus programas de psicoterapia, treinamento, coaching e consultoria. Em geral, a meditação é forte em sua abordagem fundamental aos seres humanos e fraca em questões psicológicas detalhadas. A psicologia, por outro lado, é forte em questões psicológicas detalhadas, mas fraca em abordagens fundamentais aos seres humanos.

Por meio de seus anos de experiência e pesquisa, MuRu desenvolveu uma abordagem chamada Psicanálise Contemplativa que combina os pontos fortes da meditação e da psicologia. Ela combina de forma única os avanços modernos da psicologia e da ciência do cérebro com a sabedoria e os insights tradicionais e fundamentais da meditação para fornecer diagnósticos e soluções para a psicanálise individual e em grupo.

Para fazer isso, o autor usa sua própria "metodologia de meta-pensamento". O meta-pensamento pode ser descrito como "pensar sobre o pensamento, pensar dentro e além do pensamento". É a abordagem de todas as ideias, estereótipos, conceitos etc. existentes de uma perspectiva totalmente livre, sem aceitá-los incondicionalmente. Para fazer isso, nenhum pensamento é absoluto, e o próprio pensamento é visto como um objeto a ser tratado.

Em outras palavras, o meta-pensamento é uma metodologia para se tornar um mestre de seus pensamentos, e não um escravo deles. É uma maneira de pensar livre e criativamente sem ficar preso nas prisões e nas estruturas do pensamento convencional. Ao longo de Self-Hatred, a metodologia de meta-pensamento de MuRu de "abraçar voluntariamente" pensamentos e memórias, tanto positivas quanto negativas, ao mesmo tempo em que vai além deles, é ilustrada.

Sua psicanálise enfatiza a "simultaneidade do indivíduo e da sociedade coletiva": qualquer fenômeno ou problema é apenas uma questão de grau, mas os dois elementos estão ligados, e não existe algo como uma sociedade puramente individual ou puramente coletiva. A "psicanálise contemplativa" de MuRu sempre considera tanto o indivíduo quanto a sociedade coletiva como seu objeto.

Por mais de uma década, ele escreveu cerca de 500 artigos em várias categorias, incluindo psicologia, iluminação, percepções cotidianas e resenhas de filmes, para um serviço de brunch coreano (https://brunch.co.kr/@philosophus). Atualmente, ele tem mais de 10.000 leitores e recebeu cerca de 2 milhões de visualizações no total.

MuRu publicou dois livros na Coreia. Um deles se chama "Self-Hatred" (Ódio a si mesmo) e o outro se chama "MuRu's Enlightenment" (Iluminação de MuRu). Os subtítulos são: "Self-Hatred - Why Do We Hate Ourselves? How to Move Beyond Self-Hatred and Regain Peace of Mind" (Ódio a si mesmo - Por que nos odiamos? Como superar o ódio a si mesmo e recuperar a paz de espírito) e "MuRu's Enlightenment - Beyond Reason, Religion, and Spirituality, into the Age of Awareness and Awakening" (Iluminação de MuRu - Além da razão, da religião e da espiritualidade, na era da consciência e do despertar). Atualmente, ambos os livros estão sendo traduzidos e publicados em japonês e inglês, com planos de traduzi-los e publicá-los em outros países da Europa e da Ásia, bem como em outros países. (Indivíduos ou editoras interessados em colaborar na tradução e publicação desses dois livros podem entrar em contato com o Centro MuRu para discutir e organizar colaborações específicas.

O endereço de e-mail é philosophus@naver.com

Livros do Autorr

- **"Ódio a si mesmo" : Por que nos odiamos?**
  - Como superar o ódio a si mesmo e recuperar a paz de espírito
  (Título em inglês:
  [Self-Hatred] : Why Do We Hate Ourselves? Beyond Self-Hatred, How To Regain Peace Of Mind)

Com base nas décadas de aconselhamento psicológico de MuRu, "Self-Hatred" usa a técnica exclusiva de "psicanálise contemplativa" de MuRu para fornecer uma análise profunda e uma solução para o fenômeno psicológico da Ódio a si mesmo que assola as pessoas modernas.

O livro inclui tópicos como ódio a si mesmo, métodos de cura para vários traumas, como evitar ser magoado na vida cotidiana, percepções sobre relacionamentos interpessoais e maturidade psicológica. Ele foi escrito a partir de uma "perspectiva psicológica baseada em princípios de iluminação" que vai além da psicologia convencional.

Todo mundo tem algum grau de Ódio a si mesmo. Ele se origina da autovigilância e da introspecção, mas o problema é quando essa psicologia vai além do grau normal e se manifesta como autodepreciação, autoculpa e culpa. Para superar isso, precisamos entender o mecanismo por trás do ódio a si mesmo e torná-lo consciente. Na raiz do ódio a si mesmo está o amor-próprio e um senso de superioridade, que é distorcido e leva a consequências negativas. Há uma falha instintiva de identificação e defesa de uma autoimagem negativa. Precisamos reconhecer o valor incondicional de nossa própria existência, sem condições. O ódio aos outros também pode ser uma expressão de ódio a si mesmo e deve ser superado. As mágoas e os traumas do passado não devem ser evitados ou reprimidos, mas sim aceitos e superados. Nos relacionamentos, podemos ter uma vida mais feliz e mais rica se buscarmos o amor horizontal em vez da dependência vertical.

- **"A Iluminação de Muru" : Além da razão, da religião e da espiritualidade, em uma era de consciência e despertar**
  (Título em inglês:
  [MuRu's Enlightenment]: Embracing And Transcending Reason, Religion, And Spirituality, Towards An Age Of Self-Awareness And Awakening)

"The Enlightenment of Muru" é um livro sobre o conteúdo real da iluminação e como alcançá-la ao longo da história humana. Este livro consiste no conteúdo central da "Iluminação não-dualista", a sabedoria fundamental da humanidade comum na Terra. É um relato detalhado e profundo da "única iluminação real" que existe em toda a história humana, em muitas regiões e ao longo das eras. Ele explica detalhadamente que a iluminação não é algo estranho ou difícil, mas algo que todos podem entender e que qualquer pessoa pode alcançar a iluminação se praticada adequadamente.

A "iluminação" mencionada em The Enlightenment of Muru é a mesma iluminação mencionada pelo Buda Shakyamuni. Não se trata apenas do budismo, mas de iluminações semelhantes que foram registradas ou demonstradas ao longo da história humana. Por exemplo, a iluminação de Lao Tzu e Chuang Tzu no taoismo e a iluminação de outras tradições de sabedoria, como Jönchen no budismo tibetano, Vedanta no hinduísmo e budismo zen.

Esses despertares ocorreram em épocas diferentes, em lugares diferentes e para pessoas diferentes, mas as percepções desses despertares são as mesmas: eles são propriedade comum da humanidade, o fenômeno comum da humanidade. Em todas as épocas, em todas as regiões, houve pessoas que tiveram o mesmo "despertar", e seus ensinamentos se espalharam, e o amadurecimento da consciência humana ocorreu em todas as áreas da civilização.

MuRu, o título deste livro, é o nome do autor deste livro e também significa "sem vazamento" no budismo. "muru" é a pronúncia coreana do caractere chinês 無漏. Em muru, 無 é "mu mu mu" e 漏 é "sal ru ru". Muru, traduzido diretamente, significa "sem mais sofrimento" e, no budismo, significa "deixar o sofrimento". A ausência de sofrimento. O estado de iluminação em que não há sofrimento. Significa que não há mais sofrimento que flua ou vaze. O termo oposto é "yuru" (有漏). O significado de yuru é "emaranhamento no sofrimento". Isso significa que ainda há vazamento, que ainda há sofrimento humano e dor que surge. A relação entre yuru e muru é semelhante à correspondência entre ação e inação, eu sou e eu não sou. A "iluminação de Muru" não é a iluminação transmitida por textos e teorias, nem a iluminação que é cultivada ou esquematizada, mas sim a "iluminação real completa, onde não há mais sofrimento e angústia humana".

Aqui estão alguns pontos a serem observados sobre iluminação No futuro, quando a inteligência artificial (IA) permitir avanços ainda mais rápidos do que os que vimos até agora, a "iluminação" será um tópico muito importante para indivíduos e coletivos. Em particular, o surgimento da AGI (inteligência artificial de propósito geral) provavelmente levará os seres humanos a se libertarem do trabalho, do capitalismo e assim por diante, momento em que a "consciência e o insight iluminados" serão ainda mais necessários do que antes para o desenvolvimento e a continuidade da civilização coletiva da humanidade. Quanto mais difundido e disseminado for o insight iluminado, mais avançada se tornará a civilização humana, mas se isso não acontecer, ela só crescerá em complexidade e escala, enquanto o sofrimento e as limitações fundamentais da humanidade permanecerão os mesmos ou aumentarão.

www.ingramcontent.com/pod-product-compliance
Lightning Source LLC
La Vergne TN
LVHW060154051026
849517LV00007B/2674